Maîtres de la gravure

MATISSE

Collection «Maîtres de la gravure»
dirigée par Roger Passeron

Production Office du Livre

Margrit Hahnloser

Maîtres de la gravure

MATISSE

Bibliothèque des Arts, Paris

Titre de l'édition originale:
Matisse – Meister der Graphik
Traduction française: Aude Virey-Wallon

Impression: Imprimeries Réunies S.A., Lausanne-Renens
Composition: Febel AG, Bâle
Photolithos: Photolitho Bienna S.A., Bienne
Reliure: Schumacher AG, Schmitten
Secrétariat de production: Hubertus von Gemmingen
Secrétariat de rédaction: Alain Le Coultre
Maquette et fabrication: Marcel Berger

ISBN 2-85047-014-7

Imprimé en Suisse

INTRODUCTION

Les gravures et lithographies n'occupent qu'une place marginale dans l'ensemble de l'œuvre de Matisse, car ce grand maître du XXe siècle était avant tout un coloriste. C'est en effet surtout son tempérament de peintre, profondément ancré dans sa personnalité, et son exceptionnelle sensibilité pour les couleurs qui furent à la base de toutes les créations de Matisse, et lui valurent aussi d'être considéré, en tant que Fauve, comme le chef de file de toute une nouvelle génération d'artistes. Son œuvre gravé est relativement peu connu. Les musées européens et américains possèdent certes quelques estampes isolées ou des séries réduites, mais celles-ci ne constituent pas de collections véritablement représentatives. Deux exceptions toutefois: les fonds graphiques de la Bibliothèque nationale, à Paris, et les donations du grand collectionneur Jacques Doucet (Bibliothèque littéraire Jacques Doucet et Bibliothèque d'art et d'archéologie de l'Université de Paris). Ces collections, encore enrichies par le dépôt légal obligatoire et les dons de la famille Matisse (Donation Jean Matisse et réserves du Musée Matisse de Nice), constituent des sources de documentation d'une valeur inestimable. En revanche, la modestie des œuvres conservées dans les autres pays ne peut que surprendre: Matisse ne fut-il pas, à partir des années vingt, l'un des artistes les plus prisés de son époque, bénéficiant d'expositions internationales, que ce soit à Copenhague ou à New York? Il était en outre entouré de tout un groupe de grands collectionneurs; mais dans l'esprit de ces hommes, Matisse n'était pas un graveur, et encore moins un inventeur de techniques d'impression originales, ou un magicien de l'estampe qui aurait pu, comme Picasso, surprendre le public par de mystérieux procédés. Il se contentait en effet de moyens classiques et traditionnels, commençant après 1900 avec l'eau-forte, la pointe sèche puis la lithographie, abandonnant ensuite après quelques essais la technique fastidieuse des bois gravés, pour se tourner enfin dans les années trente et quarante vers l'aquatinte et la linogravure, qui vinrent enrichir son répertoire d'effets nouveaux et fascinants. Par ailleurs, Matisse avait presque entièrement banni la couleur de son œuvre gravé. L'amateur ne voyait donc dans ses gravures qu'un complément ou une activité annexe, et reconnaissait tout au plus la signature de l'artiste dans ses lithographies des années vingt, représentant odalisques sensuelles et riches intérieurs avec toute une gamme de demi-teintes.

Le catalogue raisonné de l'œuvre gravé de Matisse (1983), élaboré par Marguerite et Claude Duthuit, respectivement fille et petit-fils de l'artiste, les remarquables expositions d'estampes organisées à la Bibliothèque nationale en 1970 et 1981, ainsi que la vaste rétrospective présentée à Fribourg en 1982, nous fournissent désormais des éléments qui révèlent combien sont liés ces deux visages de l'œuvre de Matisse. Les gravures de l'artiste témoignent en effet d'instants d'innovations et de découvertes qui non seulement influencèrent l'ensemble de son œuvre, mais apportèrent aussi des solutions aux problèmes artistiques posés par la peinture et la sculpture. Aucun artiste du XXe siècle n'a fait l'objet, depuis 1980, d'un aussi grand nombre d'études, de monographies, de précieuses analyses ponctuelles et d'expositions, qui surent à la fois approfondir les données chronologiques et déceler de nouvelles corrélations au sein de l'activité créatrice de Matisse. (Que soit évoquée ici la nouvelle génération de spécialistes de Matisse: Pierre Schneider, Dominique Fourcade, Isabelle Monod-Fontaine, John Elderfield, Jack Flam, Jack Cowart, Lawrence Gowing, John Hallmark Neff.) Plus de trente ans après la mort de l'artiste, et plus de cent ans après sa naissance, stimulé par les nombreuses œuvres de jeunes artistes donnant une nouvelle interprétation de l'héritage de Matisse, l'amateur d'art aspire aujourd'hui à pénétrer plus profondément encore dans le mystère de cet esprit génial, qui sut créer jusqu'aux derniers instants de sa vie. Dans cette optique, l'œuvre gravé devient un trésor d'une richesse inépuisable. Pourtant, aucune étude purement scientifique ne s'est encore penchée sur cet aspect particulier de l'activité du peintre.

Nous proposons ici, à l'aide d'un choix de cent planches, de fournir un aperçu représentatif de l'œuvre gravé de Matisse, tout en prenant en considération d'éventuelles questions chronologiques. Pourtant, nous nous attacherons plus particulièrement à l'aspect sans doute le plus fondamental de cette activité de Matisse: le rapport entre l'artiste et son modèle. Parallèlement, et pour rester fidèle à la série de monographies d'artistes dont fait partie cet ouvrage, nous évoquerons aussi un certain contexte biographique.

Les gravures de Matisse nous permettent de pénétrer dans l'intimité de l'atelier, de suivre le travail de l'artiste et la genèse de ses œuvres. Pour nous guider dans cette étude, nous avons fait appel aux œuvres elles-mêmes et aux réflexions de Matisse sur son art, mais aussi aux témoignages des modèles et contemporains de l'artiste. Ainsi, Lydia Delektorskaya, modèle des vingt dernières années de sa vie, fut pour nous d'une aide essentielle par la somme de ses précieux documents, publiés récemment.

Les dessins n'étaient pas pour Matisse un prologue à ses tableaux peints, mais un moyen de prendre connaissance avec son sujet. Ce sont, au sens large, des études d'objets, objets qui étaient presque exclusivement des modèles. L'ensemble de l'œuvre gravé de Matisse (qui comprend plus de huit cents planches) est en effet un dialogue permanent entre l'artiste et son modèle. «Ce qui m'intéresse le plus, ce n'est ni la nature morte, ni le paysage, c'est la figure», expliquait Matisse en 1908 dans ses premières déclarations publiques à propos de son art. «Le modèle, pour les autres, c'est un renseignement. Moi, c'est quelque chose qui m'arrête. C'est le foyer de mon énergie», reconnaîtra-t-il encore à soixante-treize ans. Si le point de départ de son art était toujours la figure humaine et les émotions ressenties à son approche, c'est elle aussi qui constituait l'ultime référence de ses transcriptions picturales. Matisse travaillait à partir d'une image entière et concrète, dont la représentation exigeait de lui à la fois un engagement total et la mise en œuvre de toutes ses forces émotionnelles. Son art était un équilibre permanent entre la prise de possession visuelle de l'objet et sa restitution, interprétation libre et originale qui tend à se résumer, dans ses œuvres tardives, à un simple signe épuré. Cette approche signifiait pour Matisse un champ de possibilités illimité, une aventure sans cesse renouvelée. C'est précisément en observant ses gravures et lithographies que l'on devient le témoin de cette patiente interrogation du modèle, qui se traduisait aussi bien dans les autoportraits et études académiques de Matisse que dans les portraits de ses parents et amis, ou encore dans ses nombreuses études de nu.

Dans cette reprise permanente des mêmes conditions de travail et des mêmes procédés artistiques, les estampes sont là pour témoigner de l'extraordinaire imagination créatrice de l'artiste, de sa méthode de travail, de ses considérations intellectuelles, mais aussi de son engagement émotionnel vis-à-vis de l'objet, de ses doutes et des luttes préludant à l'élaboration de ses œuvres.

En peinture, les tableaux sont retravaillés, les différentes versions et variantes se trouvent recouvertes, et par là même masquées les unes par les autres. C'est seulement dans des cas isolés, lorsque Matisse a établi une documentation photographique systématique, que l'on peut suivre les diverses phases de son travail. Les dessins témoignent parfois aussi de l'existence de plusieurs versions, notamment dans les *Thèmes et Variations,* mais malheureusement l'artiste détruisait souvent les nombreuses études intermédiaires qui jalonnaient son travail, laissant ainsi des lacunes dans l'histoire de ses réalisations. L'œuvre gravé enfin, à part quelques exceptions, ne présente pas plusieurs états d'une même composition qui auraient pu nous renseigner sur les différents stades du travail de Matisse. Les épreuves d'état sont rares et ne revêtent pas la signification habituelle: ce sont

davantage des tests, que l'artiste jugeait tout en se réservant la possibilité d'y apporter des modifications. Les épreuves d'essai, quant à elles, témoignent d'expériences à l'impression et d'utilisations de diverses qualités de papiers, appelés à jouer par leur couleur un rôle essentiel dans l'aspect final de l'épreuve.

En revanche, les séries de motifs analogues représentés à plusieurs reprises durant une période limitée constituent une aide extrêmement précieuse pour la compréhension de la démarche de Matisse. On trouve par exemple de telles séries en 1906 dans les lithographies de nus, pendant la Première Guerre mondiale dans les différentes versions d'un même portrait (Fanny Galanis, Loulou, Emma Laforge...), durant les années vingt dans la série de nus au fauteuil ou dans les visages au bocal de poissons, et enfin dans les nombreux portraits de la fin de sa vie. Les estampes nous transmettent ainsi des éléments passionnants quant au travail, aux préoccupations et à l'évolution des œuvres de l'artiste.

Dans ses dessins au trait, qui font souvent preuve d'une grande virtuosité, Matisse se souciait essentiellement de considérations graphiques. Il se concentrait sur la seule force et expressivité de la ligne, à la fois créatrice de formes, de volumes et d'espaces, dispensatrice de lumière, foyer lumineux et source de mouvement. La ligne était pour l'artiste un moyen graphique extrêmement riche et complexe. Pourtant, ses œuvres laissent peu percevoir de cette complexité. Matisse suivait avec une apparente facilité les traits essentiels et les caractéristiques de ses modèles et objets, aspirant à une condensation et à une abstraction des formes qui le conduisaient à négliger ou à exclure certains détails pour les remplacer par d'autres, créateurs de son propre univers pictural. La ligne marquait la cadence de ses symphonies chromatiques, et les couleurs à leur tour imprimaient à la ligne son dynamisme et sa luminosité. Pour Matisse, ces deux moyens d'expression artistique étaient des éléments indépendants qu'il s'agissait d'unir en une nouvelle synthèse. Son invention des gouaches découpées, compositions «dessinées» aux ciseaux dans des papiers colorés de sa main, reposait précisément sur cette confrontation entre lignes et couleurs. C'est elle qui lui donna d'être encore, à la fin de sa vie, un créateur infatigable: «Un artiste, c'est un explorateur. Qu'il commence par se chercher, se voir agir. Ensuite, ne pas se contraindre. Surtout, ne pas se satisfaire facilement.»

La représentation de la figure en elle-même ne posait pas à Matisse le même problème que son intégration dans un cadre spécifique: «Il fallait surtout que je donne, dans un espace limité, l'idée de l'immensité... Je donne un fragment et j'entraîne le spectateur, par le rythme, je l'entraîne à poursuivre le mouvement de la fraction qu'il voit, de façon à ce qu'il ait le sentiment de la totalité.» On est frappé par cet espace qui donne l'illusion optique de se poursuivre au-delà de la planche, aussi bien dans les plus petites eaux-fortes que dans les dernières grandes réalisations de Matisse, comme la chapelle du Rosaire, à Vence. Cette ampleur et ce souffle profond sont la caractéristique même de toutes ses œuvres.

Les réflexions écrites par Matisse sont indispensables pour comprendre la progression de son art, mais il faut les lire comme le fruit d'un esprit créateur en constante évolution, qui tentait ainsi de formuler ses propres expériences. C'était souvent une entreprise difficile, comme l'atteste ce conseil, empreint d'une résignation passagère, qu'il prodiguait aux autres artistes: «Qui veut se donner à la peinture doit commencer par se couper la langue», en d'autres termes, seule l'œuvre doit parler et s'exposer aux jugements.

Les gravures de Matisse avaient presque exclusivement pour thème le modèle, la figure humaine. L'identité de ces personnes, établie à l'aide de témoignages et de documents photographiques, ainsi que les rapports humains entre l'artiste et son modèle, nous introduisent dans l'univers familier de l'artiste, nous racontent sa confrontation avec l'art, avec lui-même et avec son entourage, témoignent enfin de la nécessité d'une perception émotionnelle et sensible de l'objet, seul moyen d'éviter les formules statiques et figées. Il s'agissait pour lui de se détacher de tout détail anecdotique ou narratif. L'artiste ne parvint-il pas ainsi, par la succession des portraits de ses modèles, à créer une image éternellement jeune de la femme, annonciatrice du type même des mannequins d'aujourd'hui?

Son art exigeait de Matisse qu'il transformât sans cesse son modèle en une réalité objective, tout en conservant cette intuition et cette sensibilité si indispensables pour insuffler la vie à ses compositions. Matisse voyait dans l'amour de l'objet une force stimulante: «Ma seule religion est celle de l'amour de l'œuvre à créer, l'amour de la création et de la grande sincérité.» Cette force, il l'avait aussi trouvée dans les œuvres de grands maîtres du passé comme Rembrandt, Michel-Ange, Courbet ou Cézanne. La présence matérielle de l'objet, le rayonnement sensuel d'un corps, l'asymétrie d'un visage, l'harmonie enfin d'un mouvement revêtaient pour l'artiste une importance primordiale et entretenaient son activité créatrice.

Ses modèles ne répondaient pas au canon de beauté idéale des œuvres classiques, bien que celles-ci aient servi de référence à Matisse tout au long de sa vie. Il n'hésitait pas à déformer ses figures au profit d'une expressivité maximale et d'une intégration harmonieuse dans la composition générale. Il est passionnant de voir comment, dans ses dessins au trait, il réussissait à résumer des physionomies, sans jamais se laisser tenter par la simple caricature. La succession de ces portraits d'une grande virtuosité, et notamment les diverses variantes d'un même visage, produisent en outre un effet cinématographique qui augmente encore le dynamisme de la ligne. Les poses des modèles aussi témoignent d'une indéniable vitalité intérieure, bien qu'elles paraissent à l'observateur d'un calme et d'une sérénité qui l'inviteraient à la méditation. Ce sont précisément ces forces sensuelles sublimées dans les différents motifs et compositions qui exercent toute leur fascination sur le spectateur. Celui-ci doit à son tour se laisser pénétrer par cet «espace vibrant»: «Donner de la vie à un trait, à une ligne, faire exister une forme, cela ne se résout pas dans les académies conventionnelles, mais au-dehors, dans la nature, à l'observation pénétrante des choses qui l'entourent.»

Cette perception sensuelle et profondément émotionnelle de l'objet conduisit l'artiste à prononcer ces mots vers la fin de sa vie: «J'ai pris une connaissance profonde de mon sujet. Après un long travail au fusain, constitué par une somme d'analyses plus ou moins bien calées entre elles, surgissent des visions qui, tout en paraissant plus ou moins sommaires, sont l'expression des rapports intimes entre l'artiste et son modèle. Des dessins comportant toutes les finesses d'observation entrevues pendant le travail, jaillissent comme d'un étang les bulles de fermentation intérieure.»

HENRI MATISSE GRAVANT

«Nous n'avions pas de quoi nous payer un bock.» (Henri Matisse).

Matisse a toujours dû beaucoup dessiner, mais ce n'est qu'après 1900, durant une période de grandes difficultés matérielles, qu'il commença à s'intéresser à la gravure. Se représentant lui-même en train de graver, l'artiste, qui utilise ici pour ses premiers essais la technique traditionnelle de l'eau-forte et de la pointe sèche, semble vouloir imprimer à un avenir encore incertain son irrésistible volonté créatrice. Il est rare dans l'œuvre de Matisse que se soient conservés, comme ici, les quatre états d'une même composition, qui nous révèlent la manière dont procédait l'artiste: il traçait d'abord les contours, marquait ensuite certains endroits de hachures denses avant de redonner à l'ensemble lumière et clarté en réduisant les masses sombres du corps. C'est la dernière version que nous voyons ici.

Matisse lève les yeux de son travail, le visage interrogateur, comme s'il avait été dérangé, le burin à la main. Nous sommes en présence d'un homme jeune, dont la chevelure s'est déjà quelque peu éclaircie, et dont le visage barbu porte la trace de premières rides. La tête et les puissantes épaules sont rendues par un fin réseau de tailles croisées. Le regard intense, presque magique, souligné par de sombres sourcils, perce à travers le verre des lunettes. Mains et planche à graver ne sont qu'esquissées, bien que clairement indiquées, mais, constituant les parties les plus claires de la composition, elles semblent concentrer sur elles-mêmes toute la lumière, comme si l'artiste avait voulu insister sur le rôle de ses véritables instruments de travail: ses mains et son burin. On est tenté de rapprocher cet autoportrait de celui de Rembrandt (1648). Dans cette œuvre, l'artiste lève également les yeux de son travail, mais il paraît moins marqué par les privations, plus critique et sûr de lui; c'est un homme mûr, pleinement conscient de sa mission. Matisse suivait toujours l'exemple des grands maîtres, surtout lorsqu'il s'initiait à une nouvelle technique. Il n'était pas encore reconnu du public et son art ne lui procurait pas de quoi vivre, mais sa volonté semblait inébranlable, énergie et détermination rayonnent de l'espace qui entoure ses mains, prêtes à affronter la résistance de la matière.

Au début du siècle, Matisse travailla avec zèle et acharnement malgré de sévères privations, atteignant un tel épuisement physique qu'il dut en 1902 et 1903 faire des cures de repos en Suisse (Villarssur-Ollon) et dans la maison de ses parents, à Bohain. «Je suis immobilisé à la campagne au régime alimentaire sévère et reconstituant et sans travailler», écrivait-il en 1903 à son ami et compagnon de lutte Henri Manguin, «et ça pour n'avoir pas su m'arrêter quand il l'aurait fallu.»[1] Son «confrère» Jean Puy se souvient aussi: «A cette époque Matisse travaillait énormément: à l'Académie le matin, copies au Louvre l'après-midi, sans compter les séances de croquis de cinq à sept, et aussi des études de sculptures dans un cours du soir.»[2]

Malgré sa convalescence, Matisse ne cessa pas son activité et, lorsque des problèmes artistiques semblaient entraver son travail, il cherchait à les résoudre en se tournant vers d'autres techniques qui lui permettaient prises de recul et nouvelles perspectives.

Matisse. Vers 1900. Photographie. Archives H. Matisse – Collection Claude Duthuit

1
1900-1903 – Pointe sèche – Pl. 52 D, quatrième état – 15 × 19,9 cm – 3 épreuves d'état, 30 épreuves numérotées, signées, sur vélin Van Gelder – Duthuit n° 1 – Bibliothèque nationale, Paris

26/30

Henri. Matisse

LA PLEUREUSE

L'étude de nus faisait partie de la formation de base de tout artiste et représentait le premier obstacle à franchir dans les académies et ateliers. En 1891/1892, Matisse revint du Cateau-Cambrésis à Paris pour suivre les cours de l'Ecole des Beaux-Arts. Pourtant, ce n'est que dans l'atelier de Gustave Moreau que cet artiste volontaire trouva un maître dont il suivit les conseils pour le dessin des figures. Pour ces jeunes passionnés qu'étaient Marquet, Matisse et Rouault, Moreau devait exercer une étonnante fascination, non tant d'ailleurs par son œuvre que par sa personnalité ouverte et tolérante. Il savait inciter les jeunes peintres à s'analyser et à mesurer leurs idées et créations à celles des grands maîtres, mais aussi exercer leur sens de l'observation en les confrontant à des motifs quotidiens. Ce guide précieux donna le coup d'envoi à la carrière artistique de Matisse, qui ne cessa dès lors de rechercher des solutions nouvelles. Son art ne s'affranchit vraiment des modèles existants qu'au contact de la peinture de paysages, à laquelle il s'exerça en Bretagne (1896), mais surtout dans le Sud de la France, à Toulouse et en Corse (1898/1899). Son étonnante sensibilité lui inspira des idées qui annonçaient déjà le Fauvisme, tel l'éclatement de violentes taches de couleurs. Lorsqu'il revint à Paris en 1899, il rechercha à nouveau l'occasion de dessiner d'après des modèles, comme si la peinture débridée de paysages et les intérieurs flamboyants avaient totalement éclipsé la représentation de figures. Etait-il lui-même effrayé par ses créations audacieuses, que son ami peintre Evenpoël qualifiait de «peinture exaspérée par quelqu'un qui grince des dents»[3], créations qui lui avaient fait entrevoir les limites de l'art figuratif et les possibilités d'une abstraction dont il ne dominait pas encore les lois?

Son maître Gustave Moreau était mort en 1899. Matisse aspirait maintenant à une atmosphère de travail paisible, qu'il trouva à l'Académie Carrière. Son collègue Jean Puy nous laissa ces souvenirs: «Matisse prenait grand soin de l'équilibre de sa figure. Il voulait que son poids portât précisément où c'était nécessaire au point de vue mécanique animale. Donc, il se servait abondamment du fil à plomb, et contrôlait son travail par de nombreuses mesures de tête, hauteur, largeur, comparait les directions des lignes entre elles, les unes se rapprochant, les autres contrastant, tous moyens scientifiques qui, s'ils ne donnent pas le génie, permettent à un peintre d'atteindre une belle puissance plastique et une rigueur qui satisfait le spectateur.»[4]

2
1900-1903 – Pointe sèche – Pl. 56 bis – 14,9 × 9,8 cm – 10 épreuves d'état, 1 épreuve d'essai, 30 épreuves numérotées, signées, sur vélin Van Gelder – Duthuit n° 7 – Collection particulière

DEUX NUS, DEUX TÊTES D'ENFANTS

Au début des années 1900, Matisse sembla travailler le dessin de ses modèles avec le soin et la précision extrêmes d'un jeune étudiant. Chaque fois que l'artiste abordait une nouvelle technique ou un nouveau matériau, ses premières œuvres présentaient toujours un aspect conventionnel et presque académique.

L'observation attentive de ces petites études de nus, gravées directement sur la plaque, révèlent non seulement une main déjà experte, mais aussi de nouveaux rapports entre contours, volumes et espaces qui semblaient être au centre des recherches de Matisse. L'artiste travaillait sans doute rapidement, pour ne pas laisser échapper une impression fugitive, mais cette rapidité ne l'empêchait pas d'atteindre une précision et une sûreté de trait étonnantes. Il semble qu'à l'Académie les modèles aient changé de pose jusqu'à quatre fois en une heure. Matisse fixait les contours de ses figures par toute une succession de lignes courtes soulignant la plasticité du modèle, tout en restant indépendantes de tout effet de lumière. Sur la feuille de papier les figures sont cernées d'ombres qui évoquent l'espace. Ces esquisses révèlent aussi les recherches sculpturales entreprises par Matisse à la même époque dans l'atelier de Bourdelle. A cette confrontation avec la sculpture, qui lui apportait de nouvelles notions d'espaces et de volumes, l'artiste ajouta l'étude approfondie des «Baigneurs» de Cézanne. Il avait découvert ce peintre rue Laffitte, dans la petite boutique d'Ambroise Vollard, marchand d'art le plus courageux de l'époque, à qui il avait acheté entre autres *Les Baigneuses* (1881/1884) avec le dernier argent qui lui restait. Ce petit tableau devint pour lui un guide essentiel: «Depuis trente-sept ans que je la possède, je connais assez bien cette toile, pas entièrement, je l'espère; elle m'a soutenu moralement dans des moments critiques de mon aventure d'artiste; j'y ai puisé ma foi et ma persévérance», écrivait-il en 1936 à Raymond Escholier, jeune conservateur à l'époque. Il fit don de ce tableau à l'Etat en 1936 (Musée du Petit Palais, Paris).

Sur cette eau-forte, le modèle semble solidement campé sur le sol, alors que les deux têtes des enfants de l'artiste, Marguerite et Jean, apparaissent comme de furtives esquisses. Un premier état de cette œuvre, sans les têtes (cat. Duthuit 5), parle en faveur d'un ajout ultérieur, datant probablement de 1906. Jean avait à l'époque six ans et Marguerite, douze. Un croquis exécuté à Collioure[5], représentant les têtes de différents membres de la famille de Matisse, confirmerait cette date. En outre, durant la période difficile que traversa Matisse juste après 1900, il n'avait avec lui que sa fille Marguerite, ses deux fils Jean et Pierre habitant chez leurs grands-parents.

Cette petite eau-forte est importante dans la mesure où elle annonce l'ensemble de l'œuvre de l'artiste et en introduit les principaux thèmes: la figure et le portrait.

3
1900-1903 – Pointe sèche – Pl. 55 B – 15 × 10 cm – 10 épreuves d'état dont plusieurs sur Chine appliqué, 30 épreuves numérotées, signées, sur vélin Van Gelder – Duthuit n° 6 – Collection particulière

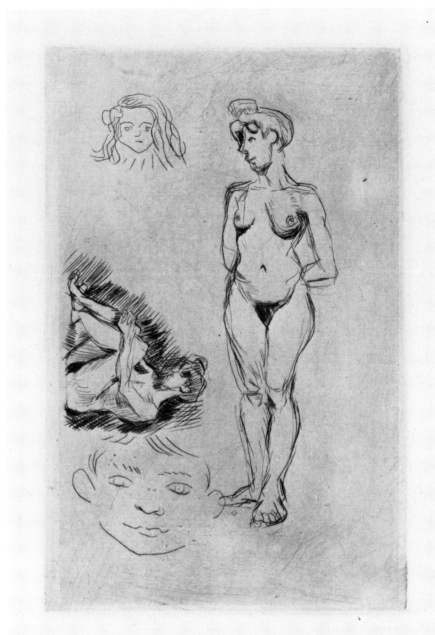

DEUX FEMMES EN COSTUME DE VILLE

Gustave Moreau conseillait à ses élèves: «Ne vous contentez pas d'aller au Musée, descendez dans la rue», ce qui était aussi l'avis de Matisse: «C'est en effet là que j'appris à dessiner. J'allais au Petit Casino avec Marquet. [...] Nous cherchions à dessiner la silhouette des passants, à discipliner notre trait. Nous nous efforcions de découvrir très rapidement ce qu'il y a de caractéristique dans un geste, une attitude. Delacroix ne disait-il pas: «On devrait pouvoir dessiner un homme tombant du sixième étage.»

Contrairement à Marquet, Matisse ne nous a laissé qu'un très petit nombre de ces esquisses prises sur le vif. Il ne se sentait sans doute pas pleinement satisfait de ces croquis et en détruisit beaucoup par la suite: «J'ai déchiré, l'été dernier, dans un moment de mise en ordre, plus de deux cents de ces essais, qui me parurent inutiles.»[6]

Ces esquisses rapides intéressèrent beaucoup les Nabis plus âgés (Bonnard, Vuillard, Vallotton) qui, considérés autour des années 1900 comme l'avant-garde en matière de peinture, fixèrent sur leur carnet de croquis de savoureuses scènes de rue. Pourtant, si les Nabis cherchaient essentiellement à rendre le mouvement d'un vêtement ou les gestes souvent bizarres de silhouettes pressées, Matisse s'attachait surtout à traduire la qualité des tissus et accessoires, se rapprochant ainsi davantage d'un Renoir que d'un Bonnard. Amélie Matisse avait ouvert à cette époque une boutique de modiste rue Châteaudun pour avoir elle-même une source de revenus financiers. Cette activité n'est sans doute pas étrangère à l'intérêt que porta Matisse à la mode vestimentaire.

Ces «instantanés» furent d'une aide précieuse pour l'artiste, exerçant son sens de l'observation, lui apprenant à travailler rapidement et à saisir en un instant les phases essentielles des mouvements de ses modèles. Il s'agissait ici encore de fixer une première impression, plutôt réaliste. Pierre Courthion décrivait ainsi la démarche de Matisse: «Matisse efface, reprend, laissant souvent transparaître sur la feuille la silhouette du tracé antérieur. Il frotte parfois du bout du doigt pour ombrer mollement son volume, et revient alors par-dessus avec le contraste de son trait grassement affirmé.»[7]

En appliquant ces réflexions aux premières gravures de l'artiste, on reconnaît en effet cette recherche du modelé à la fois dans les tailles partiellement superposées et dans la reprise de certains contours. Matisse aspira très tôt à une représentation durable des figures: «Je pourrais me contenter d'une œuvre de premier jet, mais elle me lasserait de suite, et je préfère la retoucher pour pouvoir la reconnaître plus tard comme une représentation de mon esprit.»

4
1900-1903 – Pointe sèche – Pl. 56 B – 14,9 × 10 cm – 9 épreuves d'état, 25 épreuves numérotées, signées, sur vélin Van Gelder – Duthuit n° 9 – Bibliothèque nationale, Paris; épreuve d'état

Etat
Henri Matisse

PORT DE COLLIOURE

Si on ne connaissait l'auteur de cette planche, on attribuerait volontiers cette esquisse spontanée du port de Collioure à Albert Marquet, ami et contemporain de Matisse. Il s'était en effet rendu maître de ce genre de croquis et avait ainsi immortalisé un grand nombre de ports. Paul Signac, passionné de voile, s'installa autour des années 1900 à Saint-Tropez, faisant part aux jeunes peintres du caractère paradisiaque de la région méditerranéenne et de la stabilité de son climat. Dans une lettre adressée à Matisse en 1905[8], il écrit: «Nos pauvres peintres Marquet, Manguin, Van Rysselberghe gémissent sous le peu de fixité du temps. Vraiment, je ne puis comprendre les relations de l'art et du baromètre. Alors, dans un pays où il pleuvrait ou venterait tout le temps, il n'y aurait pas de peintre! Pour moi, il me paraît inutile et dangereux de lutter ainsi avec la nature. Le mode de notation le plus rapide est encore le meilleur. Il vous fournit des renseignements plus variés et, en même temps, il vous laisse plus libre pour créer ensuite.» Matisse, en quête de conditions de travail plus stables, se rendait chaque année dans le Midi de la France, à Saint-Tropez en 1904, puis à Collioure à partir de 1905, avant de s'installer définitivement à Nice. Il paraissait retrouver à Collioure un nouvel appétit de vivre qui semblait l'avoir quitté pendant ses longues années de privations à Paris. Tout comme Ajaccio ou Toulouse, quelques années auparavant, Collioure exacerba son étonnant sens des couleurs. Les taches de couleurs, qui servaient jusqu'à présent à éclairer certaines parties de ses tableaux, envahirent désormais toute la toile de leurs vives tonalités prismatiques. Ses expériences picturales acquises par l'intermédiaire du néo-impressionnisme, ainsi que la connaissance des théories chromatiques et la proximité de Signac conduisirent Matisse à créer des compositions originales dans des couleurs spectrales pures, qui lui valurent, ainsi qu'à ses amis peintres, le nom de «Fauves» lors du Salon d'Automne de 1905.

On ne s'étonnera pas que Matisse, confronté à ces nouveaux problèmes de couleurs et de lumière, redécouvrît le paysage et jalonnât ses promenades d'esquisses. Il en rapporta des croquis de la côte à l'atmosphère évocatrice. Il commença aussi à faire de l'aquarelle, ce procédé permettant de traduire le plus directement l'intensité de la lumière. Il s'est sans doute inspiré ici aussi de l'œuvre de Cézanne. Les aquarelles sont rares chez Matisse et elles apparaissent plutôt comme un moyen supplémentaire d'illustrer son combat permanent avec les couleurs et la lumière. Matisse nous a laissé une aquarelle du port de Collioure (achetée à l'artiste par les sœurs Cone en février 1906 et aujourd'hui dans la collection Cone, au Baltimore Museum of Art), dont l'atmosphère s'apparente à l'esquisse que nous présentons ici. Pourtant celle-ci n'aurait été réalisée qu'en 1907 et n'aurait fait l'objet que d'un tirage réduit d'épreuves d'essai, montrant ainsi qu'elle aurait surtout servi à Matisse pour évaluer les différentes nuances de l'encre lithographique. L'artiste semble ici se rappeler avant tout de la lumière intense de Collioure, dont il traduit le scintillement par des lignes épurées, réduites parfois à de simples points et traits qui paraissent vibrer sous nos yeux. Signac n'avait-il pas toujours rappelé[9] que «le but de la technique des néo-impressionnistes» était «d'obtenir [...] un maximum de la couleur et de la lumière»? Matisse ne se limita pas dans cette tâche à la seule peinture, mais il tenta également d'appliquer les mêmes recherches au dessin, découvrant ainsi des solutions propres et des effets particuliers, indépendants de ceux qu'il utilisait en peinture.

hommage à mademoiselle Henri...
Henri Matisse

LE GRAND BOIS

Dans une lettre à son ami et maître Paul Signac, datée du 14 septembre 1905, Matisse évoque «quarante aquarelles, une centaine de dessins et quinze toiles»[10]. Il s'agissait là des œuvres qu'il avait réalisées durant l'été à Collioure. On est surpris par le nombre des dessins, qui laisse supposer que, durant la période où Matisse se consacra le plus intensément aux recherches de tonalités expressives et autonomes, il tendait aussi à une perception linéaire de l'objet et à une application de ses nouvelles théories picturales à la technique du dessin. Ces expérimentations lui firent constater «l'éternel conflit du dessin et de la couleur», comme il l'évoquera plus tard. André Derain, son ami et collègue durant ces mois d'été, parla même de crise: «Cette couleur m'a foutu dedans. J'ai perdu mes anciennes qualités.»[11] Jamais auparavant Matisse n'avait eu aussi nettement conscience de ces rapports contradictoires entre la couleur et le dessin: «L'un, le dessin, dépend de la plastique linéaire ou sculpturale, et l'autre, la peinture, dépend de la plastique colorée.»[12] Cette expérience le conduisit de nouveau durant l'hiver 1905/1906 à une étude plus approfondie de la figure humaine. Il fut conforté en outre dans cette recherche par l'amère leçon infligée par le Salon d'Automne de 1905.

Matisse réalisa des dessins à l'encre de Chine, parfois à la plume, créant des compositions étonnamment sauvages et puissantes, qu'il transposait ensuite sur bois. C'est ainsi que furent exécutées les trois gravures sur bois (cat. Duthuit 317—319) qui occupent, par leur grande force expressive, une place particulière dans l'œuvre de Matisse, et illustrent sa recherche de nouveaux principes structuraux. Durant l'été à Collioure, non seulement la couleur s'était affranchie de l'objet, conquérant toute la surface des tableaux, mais la ligne aussi avait acquis une autonomie lui permettant de rendre à elle seule espaces et volumes.

Matisse avait-il vu les bois de Gauguin et interrogé à nouveau les dessins de Van Gogh? Au début des années 1900 en effet, ces deux artistes avaient fait l'objet de rétrospectives qui les avaient placés au centre de violentes polémiques. Matisse dut même participer à l'accrochage des toiles de Van Gogh lors de la rétrospective au Salon des Indépendants de 1905. En outre, il possédait plusieurs dessins de ce peintre. Il connaissait aussi les œuvres de Gauguin. Il les avait découvertes depuis longtemps dans la boutique d'Ambroise Vollard rue Laffitte, où il avait même acheté un petit tableau intitulé *Jeune Homme à la fleur de tiaré*. Il connaissait aussi les tableaux et documents sur Gauguin que conservait Daniel de Monfreid, installé lui aussi dans le Midi de la France. Ami et protecteur de Gauguin, celui-ci en possédait les premières œuvres réalisées à Tahiti, et aussi bien Maillol, qui habitait Banyuls, que Derain et Matisse avaient coutume de se retrouver chez lui. Il est certain que ces œuvres de la période tahitienne de Gauguin n'ont pas manqué d'influencer Matisse pour sa grande composition *La Joie de vivre* (aujourd'hui dans la Barnes Foundation à Merion, Pennsylvanie). Ses bois sont à replacer dans le même contexte.

Cette étonnante représentation en deux dimensions d'un modèle assis dans une chaise longue révèle qu'entre 1905 et 1906 Matisse était parvenu à une conception artistique totalement nouvelle: ramenant toute la composition sur un même plan, il utilisait des lignes équivalentes pour rendre à la fois le mouvement et l'expression du modèle et de son cadre, ne reculant ainsi devant aucune distorsion. Matisse s'était libéré de la tutelle académique et se trouvait à l'aube d'une création artistique indépendante qui, puisant comme jamais auparavant ses sources d'inspiration dans la réalité concrète, visait à une certaine monumentalité des formes. «Il y a deux façons d'exprimer les choses: l'une est de montrer brutalement, l'autre de les évoquer avec art. En s'éloignant de la *représentation* littérale du mouvement, on aboutit à plus de beauté et plus de grandeur», annonçait-il en 1908 dans ses *Notes d'un peintre*.

6
1906 – Gravure sur bois – 47,5 × 38,1 cm – 1 épreuve d'essai, 50 épreuves numérotées, signées et monogrammées dans le bois, sur vélin Van Gelder – Duthuit nº 317 – Collection particulière

Henri-Matisse 29/50

PETIT BOIS CLAIR

Dans l'œuvre de Matisse, les bois gravés sont le témoin de l'éternel conflit entre la couleur et la ligne, entre une approche picturale et un traitement sculptural des formes. Matisse tenta par tous les moyens d'extraire d'une impression ponctuelle une vérité intemporelle et durable, «un caractère plus vrai, plus essentiel, auquel l'artiste s'attachera pour donner de la réalité une interprétation plus durable». L'artiste semble encore souligner cette recherche de la permanence dans les représentations graphiques par l'incision laborieuse du bois, acte volontaire qui révèle sa détermination. Formes et position du modèle sont traitées par des contours épais, dont les courbes anguleuses et les irrégularités traduisent la résistance du matériau travaillé. La figure est entourée d'un motif décoratif de lignes et de traits courts qui, remplissant l'ensemble de la planche, évoquent les effets picturaux de ses toiles fauves. Le seul contraste entre le corps lisse et ce fond orné suffit à créer cette clarté de la chair que Matisse obtenait autrefois par tout un effet d'ombres et de lumières. La puissance de ces œuvres réside aussi dans la proximité du modèle par rapport à l'artiste durant les séances de pose, particularité nouvelle que l'on retrouvera fréquemment par la suite.

Matisse était certainement conscient de l'importance que revêtaient ces planches pour la compréhension et l'interprétation de ses nouvelles conceptions esthétiques. Elles font partie du même contexte que *La Joie de vivre,* composition réalisée aussi durant l'hiver 1905/1906 et exposée au Salon des Indépendants en mars à Paris. Les gravures sur bois furent présentées au même moment à la Galerie Druet (19 mars–7 avril). Il s'agissait là de la première exposition importante depuis qu'Ambroise Vollard avait rassemblé, pour le public parisien, quelques œuvres de Matisse dans sa petite galerie de la rue Laffitte. Comme déjà à l'automne 1905, les tableaux fauves de l'artiste rencontrèrent critiques et désapprobation.

L'accueil réservé à *La Joie de vivre* ne fut pas plus favorable, et Signac, qui jusqu'à présent n'hésitait pas à vanter les œuvres de son élève, fut amèrement déçu: «Matisse, dont j'ai aimé les essais jusqu'à présent, me semble s'être complètement fourvoyé. Sur une toile de deux mètres et demi, il a entouré des personnages étranges d'une ligne épaisse comme le pouce. Puis il a couvert le tout de teintes plates, nettement définies, qui, si pures soient-elles, paraissent dégoûtantes ...»[13] Il semblait impossible qu'un public aussi ouvert soit-il puisse supporter ces figures décrites par de simples contours sommaires, ou encore ces paysages constitués uniquement d'aplats de couleur. Pourtant l'Américain Léo Stein, collectionneur audacieux d'art d'avant-garde, fit l'acquisition du tableau, déroutant

ainsi le public parisien. Son appartement de la rue de Fleurus (il habitait à l'époque avec sa sœur Gertrude Stein) devint le lieu de ralliement d'une élite intellectuelle d'avant-garde. L'achat de ses œuvres par des collectionneurs signifiait pour Matisse reconnaissance, encouragement et premiers profits, en somme tout ce dont un artiste a besoin pour ne pas perdre sa foi et son courage.

7
1906 – Gravure sur bois – 34,2 × 26,6 cm – 2 épreuves d'essai, 50 épreuves numérotées, signées et monogrammées dans le bois, sur vélin Van Gelder – Duthuit n° 318 – Bibliothèque nationale, Paris

48/50

Henri Matisse

NU ACCROUPI, PROFIL À LA CHEVELURE NOIRE

Voici ce qu'écrivait Matisse en 1908 dans ses *Notes d'un peintre:* «Les moyens les plus simples sont ceux qui permettent le mieux au peintre de s'exprimer. S'il a peur de la banalité, il ne l'évitera pas en se représentant par un extérieur étrange, en donnant dans les bizzarreries du dessin ou les excentricités de la couleur. Ses moyens doivent dériver presque nécessairement de son tempérament. Il doit avoir cette simplicité d'esprit qui le portera à croire qu'il a peint seulement ce qu'il a vu.» A cette époque, non seulement Matisse commença à donner des cours à tout un groupe international de jeunes artistes (d'abord au Couvent des Oiseaux rue de Sèvres, puis dans les salles de l'Hôtel Biron), mais il sentit aussi la nécessité, après toutes les critiques dont il avait fait l'objet, de communiquer ses expériences et ses idées sur l'art à un plus large public. C'est ainsi qu'il rédigea les *Notes d'un peintre,* ensemble de réflexions précieuses qui nous révèlent combien Matisse aspirait à un nouveau langage formel. Georges Desvallières nous dit à ce propos: «Il faudra bien reconnaître, après cette lecture et l'examen des dessins que, quelles que soient les réserves que l'on puisse faire sur cet artiste, il a aidé par ses recherches aux développements de nos moyens d'expression plastique; [...] En un mot, l'architecture que Matisse a construite avec ces fragments disproportionnés est une architecture solide dont toutes les proportions sont justes, quoique la figure qu'elle représente ne donne pas l'impression de la nature telle qu'on la voit couramment.»[14]

Ce fut au printemps 1906 que Matisse, parallèlement à ses essais de gravure sur bois, aborda pour la première fois la lithographie. C'était déjà à l'époque un moyen d'expression artistique apprécié, que Toulouse-Lautrec et les Nabis avaient porté à ses premiers sommets. Dans une série de douze planches de même format, l'artiste fixa par de simples contours extérieurs les changements de pose et d'expression d'un seul et même modèle, l'Italienne Rosa Arpino, et fit imprimer ces dessins sur un superbe papier Japon par Auguste Clot qu'il fréquentait alors. Jamais auparavant l'artiste n'avait osé faire imprimer de telles esquisses. On y retrouve cette «banalité» et cette «simplicité» évoquées par l'artiste; ces poses sans cesse changeantes du modèle sont ici «ce qu'il a vu». Pourtant, si on prend le titre *Nu accroupi* au sens propre, on constate que la véritable position du modèle n'apparaît pas clairement dans notre exemple. En effet, cette figure semble assise sur le rebord d'un objet invisible, plutôt qu'accroupie à proprement parler. En d'autres termes, Matisse n'hésitait pas à supprimer certains éléments nécessaires à la compréhension de ses œuvres. Il concentre ici toute son attention sur le rythme des formes de son modèle, au gré de ses poses spontanées et éphémères. Nous avons ainsi une vision intéressante de la manière dont procédait l'artiste. «Je veux arriver à cet état de condensation des sensations qui fait le tableau. Je pourrais me contenter d'une œuvre de premier jet, mais elle me lasserait de suite, et je préfère la retoucher pour la reconnaître plus tard comme une représentation de mon esprit», nous apprend-il dans ses *Notes d'un peintre.* Pourtant Matisse avait besoin de ces études, de ces «œuvres de premier jet» pour parvenir à cette «condensation des sensations». Il fit même imprimer de tels croquis. Il semble que la lithographie l'aidait à prendre du recul par rapport à ses propres œuvres. C'était en quelque sorte un test lui permettant de mieux évaluer la force autonome d'un dessin linéaire qui n'avait que le corps féminin pour objet, libéré de tout accessoire.

8
1906 – Lithographie – Pl. 3 – 39,5 × 21,5 cm – 25 épreuves numérotées, signées et monogrammées sur la pierre, sur Japon – Duthuit n° 395 – Collection particulière

FIGURE DE DOS AU COLLIER NOIR

Il n'est pas surprenant que les lithographies réalisées en 1906 aient choqué le public qui les découvrit, cinq ans avant l'*Armory Show* (grande exposition d'avant-garde qui se déroulera à New York), dans la petite galerie du photographe Alfred Stieglitz au «291 Fifth Avenue» *(An Exhibition of Drawings, Lithographs, Watercolours and Etchings by M. Henry Matisse; the Little Galleries of the Photo-Secession, 6–25 April 1908)*. C'était la première exposition Matisse qui avait lieu aux Etats-Unis et, comme le constatait Alfred Barr, «en fait la première exposition personnelle de Matisse hors de Paris».[15]

C'est Edward Steichen, photographe et hôte des Stein à Paris, qui fut le véritable initiateur de cette exposition. Il écrivit à Stieglitz: «J'ai une autre exposition formidable pour vous qui sera aussi belle à sa manière que le sont les Rodin. Dessins d'Henri Matisse le plus moderne des modernes. [...] Ils sont à la figure ce que les Cézanne sont au paysage. Simplement grandioses. Certains sont plus finis que ceux de Rodin, plus une étude de forme que de mouvement – à la limite de l'abstrait.»[16]

La critique fut désastreuse. On parla de «figures féminines qui sont d'une laideur qui est particulièrement effrayante et obsédante et qui semble condamner le cerveau de cet homme aux limbes de la dégénérescence artistique», ou encore de «penchant gothique pour le laid et le contrefait [...], caricatures sans signification». Mais certains dirent aussi: «Le peintre français est habile, diaboliquement habile. Aiguillonné par les néo-impressionnistes, par les esquisses des mers du Sud de Gauguin, il les a tous surpassés par ses extravagances.»[17] Personne ne voulait admettre le génie de ces études apparemment difformes, bien que Matisse ait été présenté au public américain comme le chef de file d'une nouvelle avant-garde, et que certains défenseurs aient ouvertement manifesté leur opinion.

Edward Steichen reconnaissait volontiers que ces planches de Matisse ne comportaient pas d'études de mouvements et ne prétendaient pas fixer, comme les œuvres d'un Rodin, le fragile équilibre d'un geste. Elles n'en étaient que plus incompréhensibles, dans la mesure où elles n'étaient pas non plus des études de milieu – comme chez Toulouse-Lautrec –, ou encore des caricatures à la manière de Daumier. Matisse désirait se détacher de tout contenu descriptif ou narratif: «Une œuvre doit porter en elle-même sa signification entière et l'imposer au spectateur avant même qu'il en connaisse le sujet.»

9
1906 – Lithographie – Pl. 8 – 41 × 27,5 cm – 25 épreuves numérotées, signées et monogrammées sur la pierre, sur Japon – Duthuit n° 402 – Collection particulière

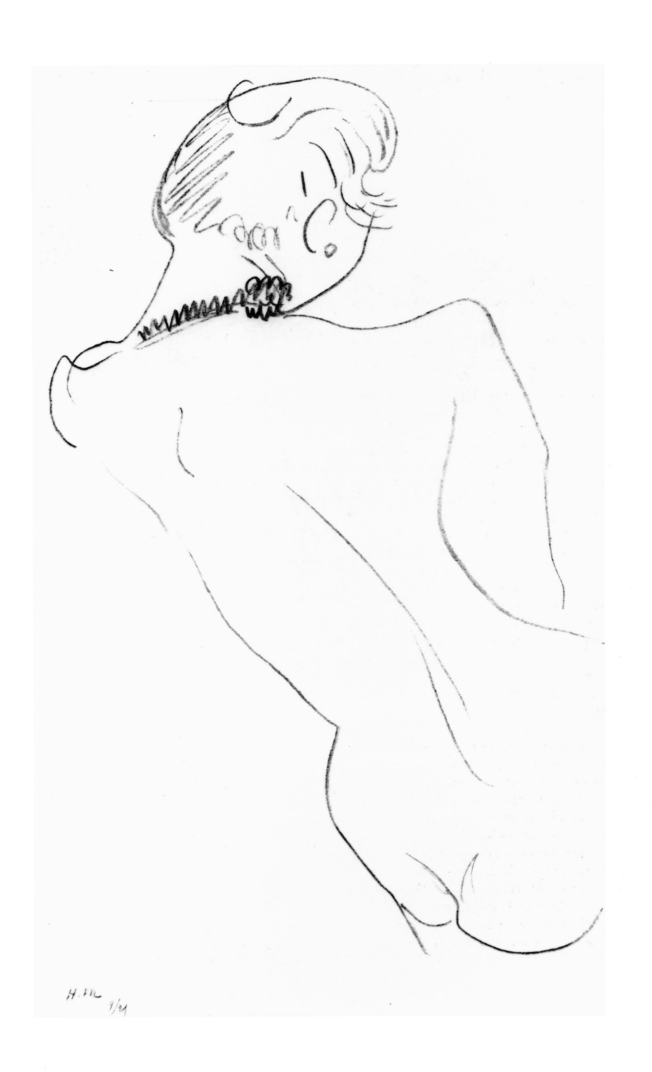

TÊTE RENVERSÉE

«Ce qui m'intéresse le plus, ce n'est ni la nature morte, ni le paysage, c'est la figure. C'est elle qui me permet le mieux d'exprimer le sentiment pour ainsi dire religieux que je possède de la vie. Je ne m'attache pas à détailler tous les traits du visage, à les rendre un à un dans leur exactitude anatomique. Si j'ai un modèle italien, dont le premier aspect ne suggère que l'idée d'une existence purement animale, je découvre cependant chez lui des traits essentiels, je pénètre parmi les lignes de son visage, celles qui traduisent ce caractère de haute gravité qui persiste dans tout être humain.»

A partir de 1905/1906, Matisse travailla régulièrement avec des modèles professionnels que de meilleures conditions matérielles lui permettaient de payer. C'est un modèle italien, Rosa Arpino, qui fut à l'origine d'une série de lithographies puissantes, parmi lesquelles on trouve deux gros plans de têtes – l'une aux yeux fermés, l'autre aux yeux ouverts et rieurs –, ainsi qu'un buste à l'expression pensive (cat. Duthuit 390, 397, 400). Pour la première fois, l'artiste découvrait dans le vocabulaire formel du corps féminin des traits parlants, sensuels et brutaux, qu'il résumait pourtant par quelques lignes dynamiques, conférant ainsi à la nudité du modèle une nouvelle force expressive. C'est dans ce «résumé», cette condensation que réside le mystère de l'art de Matisse. Il faut y ajouter aussi l'honnêteté absolue de son interprétation de la réalité, acquise au début des années 1900 par ses nombreux exercices d'observation des rues et places de Paris. Les croquis et esquisses de personnages réalisés alors lui avaient en effet appris à fixer poses et formes avec précision et spontanéité.

Dans la lithographie présentée ici, Matisse aborde pour la première fois les traits du visage. Pourtant, son objectif n'est pas le portrait, mais l'étude d'une partie du corps humain en harmonie par la forme et l'expression avec l'ensemble de la figure. L'artiste eut recours à un artifice, modifiant la position habituelle de la tête en la renversant. Il prit ainsi un recul par rapport à l'objet qui lui facilitait sa recherche des «traits essentiels» du visage.

Les Nabis, comme Bonnard, Vuillard et Vallotton, avaient déjà familiarisé le public avec les gros plans de têtes, et l'œil averti n'en était plus choqué. Pourtant, cette puissante composition représentant une tête renversée, aux yeux rieurs et provocateurs, était inhabituelle. Cheveux, sourcils, nez, bouche et menton, épaules et seins inspirèrent à Matisse, par leurs courbes mouvantes, un rythme décoratif qu'il étendit à l'ensemble de la feuille. La répétition de ce motif, observée par l'artiste, le conduisit à interpréter le visage selon ses propres rythmes formels.

10
1906 – Lithographie – Pl. 5 – 28 × 27,5 cm – 25 épreuves numérotées, signées et monogrammées sur la pierre, sur Japon – Duthuit n° 397 – The Baltimore Museum of Art (collection Cone), Baltimore

LE GRAND NU

Contrairement à la série des lithographies précédentes, cette composition originale fut imprimée sur papier Chine clair et présente l'aspect d'un dessin au crayon. On admet généralement dans la littérature spécialisée qu'elle fut réalisée légèrement plus tard que la série évoquée, en relation étroite avec les premières œuvres cubistes de Picasso et de Braque. Pourtant, dans le catalogue des œuvres de Matisse, elle est aussi datée de 1906, et accompagnée d'une remarque précisant qu'elle fut directement dessinée sur la pierre lithographique, et non comme habituellement sur un papier de report. Les incertitudes concernant son numéro d'édition initial – 10 ou 29 – laissent un doute quant à la date des premiers tirages, qui pourraient aussi bien se situer en 1906 qu'après 1913.

Cette planche, inhabituelle à tous points de vue dans l'œuvre de Matisse, soulève plusieurs problèmes. L'artiste modèle les volumes par des tonalités dégradées de gris, renforce les contours, recrée l'espace par des zones de hachures qui courent le long du corps. Il n'indique ni les extrémités, ni les caractéristiques personnelles du visage, hormis une ligne étroite pour la bouche, comme dans les *Baigneuses à la tortue* (1908; Saint Louis Art Museum). Cou et épaules sont reliés par un trait rectiligne, qui n'est interrompu par aucune incurvation; l'amorce du bras est plate, le coude anguleux, les seins sphériques et placés haut sur le buste; bassin et cuisses décrivent une courbe souple et continue. Ces éléments stylistiques se retrouvent dans le tableau évoqué plus haut, ainsi que dans les œuvres datées de 1907/1908.

La pose du modèle fait penser à la sculpture de Degas, *Nu au tub* (1886), et témoigne d'une étonnante abstraction dans le traitement du corps, qui n'est pas sans rappeler les œuvres ultérieures ayant pour thème faunes et nymphes. Matisse aborda ce sujet pour la première fois dans le tryptique en céramique qu'il réalisa en 1907/1908 pour son important collectionneur allemand Carl Ernst Osthaus à Hagen. Comme beaucoup d'artistes, Matisse travailla aussi pendant cette période dans l'atelier de céramique d'André Méthey. C'est le marchand de tableaux Ambroise Vollard qui incitait les jeunes artistes à ne pas uniquement s'intéresser à l'illustration de livres ou à la gravure, mais aussi à la sculpture et la céramique. Matisse découvrit ainsi qu'un changement de mode d'expression artistique pouvait s'avérer des plus profitables, dans la mesure où il permettait d'une part d'échapper aux blocages passagers qui ne manquaient pas d'intervenir dans l'élaboration souvent laborieuse d'une œuvre d'art, et ouvrait d'autre part de nouvelles perspectives.

John Hallmark Neff fit récemment remarquer dans une étude que cette lithographie n'est évoquée qu'en mars 1914 dans le Bulletin de la Galerie Bernheim-Jeune à Paris: «... la lithographie du *Grand Nu,* qui pose toujours problème, est datée non de 1906, mais de l'année précédant le catalogue, c'est-à-dire de 1913.»[18] Il rapproche le style de cette planche du grand tableau *Les Demoiselles à la rivière* (aujourd'hui à l'Art Institute de Chicago), dernière commande du collectionneur russe Chtchoukine, que Matisse commença avant la Première Guerre mondiale, mais qui, n'ayant pu atteindre sa destination primitive, fut achevée ultérieurement. Il est également difficile de dire si ce *Grand Nu,* de facture si étonnante, doit être considéré comme une œuvre retravaillée ultérieurement. Cette lithographie n'en reste pas moins le témoin de l'impressionnante faculté d'abstraction de l'artiste, qui ne cessera de s'affirmer à partir de 1906/1907.

11
1906 – Lithographie – Pl. 10 ou 29 – 28,5 × 25,3 cm – 1 épreuve d'essai, 50 épreuves numérotées, signées, sur Chine volant – Duthuit n° 403 – Collection particulière

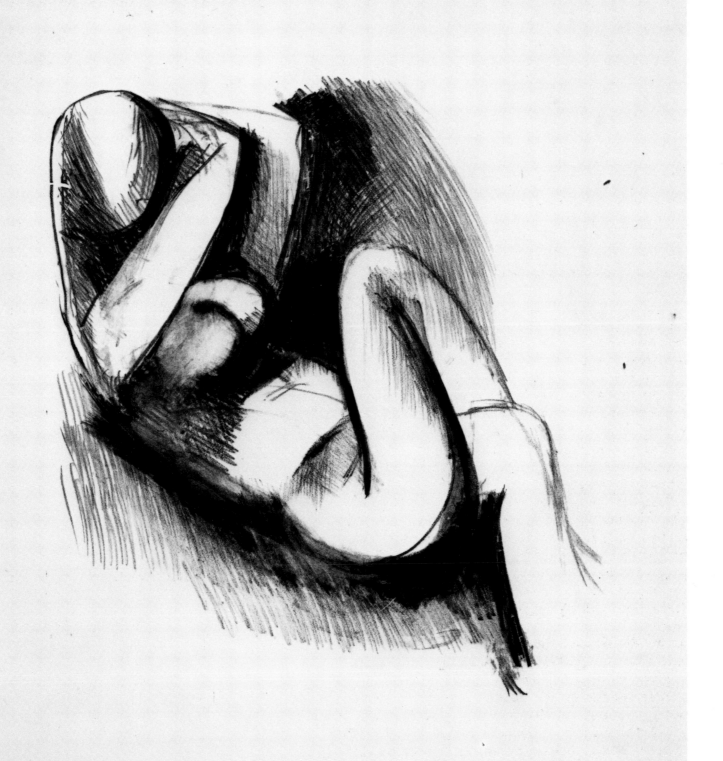

tirage à cinquante exemplaires
douzième épreuve
Henri-Matisse

VISAGE À LA FRANGE

Matisse marqua de nouveau l'année 1913 par une série de huit lithographies linéaires audacieuses. Comme celles de 1906, elles ont toutes la femme pour thème, et ont été tirées en format vertical sur papier Japon.

La vie de l'artiste, âgé maintenant de quarante-quatre ans, avait changé. Un large public attaquait certes encore ses œuvres, mais le scandale qu'elles ne manquaient pas de soulever dans les expositions internationales et dans les premières rétrospectives personnelles à l'étranger (à Berlin en 1908/1909, ou à New York en 1908, 1910 et 1912) commençait à sensibiliser les premiers acheteurs. Ce furent surtout des Américains, comme les Stein ou les sœurs Cone de Baltimore, mais aussi des industriels tels les Russes Chtchoukine et Morosov, ou encore Carl Ernst Osthaus, de Hagen, et le Danois Christian Tetzen-Lund qui se mirent à acheter à Paris, dans des proportions jusqu'ici inhabituelles, ce qu'il y avait de plus moderne en matière d'art. Matisse, ayant reçu ses premières grandes commandes, s'acheta en 1909 une maison à Issy-les-Moulineaux où il installa ses ateliers. «L'atelier, une construction carrée de bonnes dimensions, était peint en blanc, dedans et dehors, et avait d'immenses fenêtres (tant sur le toit que sur le côté), donnant ainsi un sentiment de plein air et une grande chaleur. C'était un atelier spacieux et simple, ses murs et chevalets couverts de ses grandes toiles éclatantes et extraordinaires», nous décrit en 1912 l'Américaine Clara Mc-Chesney à l'issue d'un entretien avec l'artiste. Matisse pouvait réaliser ici ses commandes de grand format, ainsi que des œuvres monumentales, telles *La Danse* ou *La Musique* réalisées pour le palais de style rococo de Chtchoukine. Son vaste studio permettait aussi à Matisse d'observer les effets changeants des couleurs suivant les variations de la lumière.

Cet art, qui nécessitait à la fois temps et espace, transparaît dans les lithographies de 1913. Ce sont généralement en effet de très gros plans de visages ou de torses, d'une puissante force d'expression, qui furent sans doute réalisés très vite, sans corrections visibles. Matisse travaillait d'après le modèle – ici Germaine Raynal, épouse de Maurice Raynal, critique d'art bien connu des Cubistes et ami de Juan Gris. Dans la lithographie présentée ici, l'artiste traça le visage et les traits de son modèle avec une étonnante virtuosité, imprimant à la tête une inclinaison et une torsion particulières par le seul jeu des lignes courbes qui viennent indiquer cou et épaules, tout en reprenant le rythme formel des cheveux et du menton. Ces quelques traits et faisceaux de lignes parviennent à créer un portrait d'une grande sérénité, qui rappelle par sa perfection les modèles antiques.

Matisse ne disait-il pas à ses élèves: «Dans l'antique, toutes les parties ont été considérées au même titre. D'où unité, et repos de l'esprit.» Sarah Stein, qui fit partie des premiers collectionneurs des œuvres de Matisse, fut aussi l'une des élèves de l'éphémère Académie Matisse, y prenant note en 1908 des conseils et critiques de l'artiste. Ces notes nous fournissent des éléments précieux quant aux problèmes esthétiques et techniques soulevés par certains modes d'expression artistique, mais aussi quant aux expériences personnelles de Matisse aux prises avec son art. Certaines de ces notes devinrent de véritables concepts qui marquèrent l'ensemble de l'activité graphique du maître, tel le rôle de la ligne, dans sa richesse et son extrême diversité. «Il faut toujours rechercher le désir de la ligne, le point où elle veut entrer ou mourir. Et aussi toujours s'assurer de sa source; ceci doit se faire d'après le modèle. Il est d'une grande aide de sentir un axe central dans la direction du mouvement général du corps, et de construire autour.» Cette interprétation dynamique de la ligne apparaît bien dans la lithographie choisie, qui explique en outre le choix de la comparaison utilisée par Matisse auprès de ses élèves: «Chez les anciens, la tête est une boule sur laquelle les traits se détachent. Ces sourcils sont comme les ailes d'un papillon sur le point de s'envoler.»

Germaine Raynal. Photographie. Archives Kahnweiler-Leiris

12
1913 – Lithographie – Pl. 20 – 46,5 × 29,5 cm – 5 épreuves d'état, 50 épreuves numérotées, signées et monogrammées sur la pierre, sur Japon – Duthuit n° 413 – Collection particulière

9/50   H.M

NU DE TROIS QUARTS, UNE PARTIE DE LA TÊTE COUPÉE

«Ce bassin s'emboîte dans les cuisses et suggère une amphore. Emboîtez vos parties les unes dans les autres et construisez votre figure comme un charpentier une maison. Tout doit être construit, composé de parties qui forment un tout: un arbre comme un corps humain, un corps humain comme une cathédrale. Dans le travail doivent entrer: connaissances, contemplation nourrie du modèle ou autre sujet, et imagination qui enrichit ce que l'on voit. Fermez les yeux et gardez présente votre vision, ensuite de quoi travaillez avec votre sensibilité.» Ces conseils, apparemment simples, que l'artiste prodiguait à ses élèves, étaient en réalité difficiles à suivre dans la mesure où ils étaient étroitement liés à la propre force créatrice de Matisse. «... des proportions qui concordent avec les mensurations exactes ne sont après tout que bien peu de chose, si le sentiment ne les confirme et si elles n'expriment pas le caractère physique particulier du modèle», mettait en garde Matisse, ajoutant ensuite: «Je ne dis pas que vous ne devez pas exagérer, mais je dis que votre exagération doit être en harmonie avec le caractère du modèle.» Toutes ces réflexions reposent sur les expériences de l'artiste et dévoilent le côté souvent intuitif de son travail avec le modèle.

Bien que Matisse donnât des cours, et fût par là même obligé de formuler ses problèmes de création artistique, il eut rapidement conscience qu'aucune recette ne lui permettrait de transmettre cet art auquel il aspirait. Il expliquait en 1909 dans un entretien: «Je veux arriver à cet état de condensation des sensations qui fait le tableau», mais comment l'artiste pouvait-il enseigner cette «condensation des sensations», alors que lui-même luttait jour après jour pour y parvenir, interrogeant sans cesse son modèle? Après 1911, Matisse abandonna complètement l'enseignement, d'une part pour répondre aux commandes de plus en plus nombreuses, d'autre part pour concentrer toute son énergie sur cet art qui exigeait tant d'efforts de ses mains et de son esprit. Matisse devait faire montre d'une inépuisable puissance de travail, et on ne s'étonnera pas qu'après ses grandes commandes de tableaux et son incursion dans la peinture de paysage, il ait ressenti le besoin, durant les hivers 1911/1912 et 1912/1913 à Tanger, de se consacrer à nouveau à l'étude de la figure, «le foyer de [son] énergie».

Entre 1909 et 1913, il réalisa étonnamment peu de dessins de figures. Tout porte à croire que peinture et sculpture concentraient alors sur elles toute l'énergie créatrice de l'artiste. Durant son deuxième séjour à Tanger au cours de l'hiver 1912/1913, il chercha désespérément le modèle qu'il avait connu à son séjour précédent un an auparavant, pour s'épargner les efforts d'un nouveau travail d'approche. Son ami Charles Camoin témoigne: «A Tanger, j'ai travaillé en même temps que lui d'après quelques prostituées»; mais ces dessins ont malheureusement disparu[19]. Le 15 septembre, Matisse écrivait à Camoin: «En ce moment je suis fatigué et j'aurais besoin de chasser de mon esprit toute préoccupation. J'ai travaillé pourtant à peu de choses cet été», et il énumérait son grand relief *Dos II,* les *Baigneuses* (Chicago) et un *Portrait de ma Femme* (Leningrad). Pourtant, les dessins lithographiques de cette époque semblent témoigner d'un élan nouveau, à la fois marqué par la concentration et une certaine détente. Matisse parvint à créer des lignes étonnamment souples, mouvantes et puissantes, inconcevables sans l'expérience de ses grands tableaux, de ses croquis et sans l'élaboration de son vocabulaire formel personnel. «Je vais condenser la signification de ce corps, en recherchant ses lignes essentielles», et Matisse y réussissait avec une étonnante maîtrise.

13
1913 – Lithographie – Pl. 15 – 50,1 × 30,3 cm – 2 épreuves d'état, 3 épreuves d'essai, 50 épreuves numérotées, signées et monogrammées sur la pierre, sur Japon – Duthuit n° 409 – Collection particulière

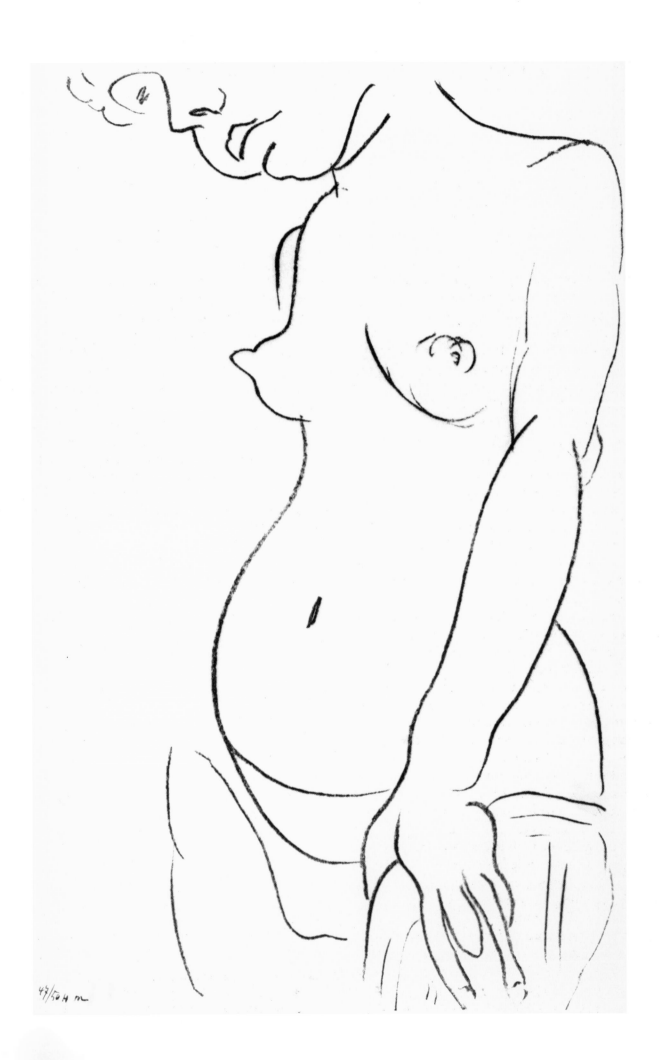

49/50 H m

NU AU ROCKING-CHAIR

Ce sont certainement les formes arrondies du fauteuil, associées aux courbes du nu assis et aux boucles de sa chevelure, qui ont inspiré à Matisse le thème de cette composition. Il s'agit ici encore de Germaine Raynal, qui posa aussi pour une série d'eaux-fortes, ainsi que pour une toile saisissante réalisée dans des tonalités de gris, *Nu gris au bracelet* (1913), avant de suggérer à Matisse le grand thème du nu assis, repris dans différentes techniques. On comprend aisément que l'identité de cette femme soit restée longtemps cachée. Mais on sait aujourd'hui que son mari, Maurice Raynal, avait connu durant cette période de graves difficultés financières. «Raynal à vingt ans, après avoir dépensé en un an un héritage formidable pour l'époque, s'était vu couper les vivres par la famille et se trouvait plongé dans une misère profonde», nous raconte dans ses *Souvenirs* Alice Halicka, la femme de Louis Marcoussis[20]. Matisse, qui avait connu une misère analogue, vint au secours du couple et paya généreusement son séduisant modèle, comme il avait d'ailleurs toujours coutume de le faire.

Toutes les versions de ce même thème reposent sur un dessin linéaire des contours de la figure, prouvant par là même l'extrême virtuosité de l'artiste. Il est rare dans l'œuvre de Matisse de rencontrer, comme ici, un modèle souriant. Matisse aspirait à une version toujours plus convaincante de son sujet, voulant «obtenir plus de stabilité», ou encore «rechercher un caractère plus vrai, plus essentiel, auquel l'artiste s'attachera pour donner de la réalité une interprétation plus durable», comme il l'écrivait en 1908 dans ses *Notes d'un peintre.* «L'expression, pour moi, ne réside pas dans la passion qui éclatera sur un visage ou qui s'affirmera par un mouvement violent. Elle est dans toute la disposition de mon tableau: la place qu'occupent les corps, les vides qui sont autour d'eux, les proportions, tout cela y a sa part.»

Pourtant, les traits du visage du modèle témoignent ici d'une expression spontanée, caractéristique d'un instant, nous apprenant ainsi que le dessin, par rapport à la peinture, permettait à Matisse non seulement de fixer d'autres phases de sa création artistique, mais aussi de se rapprocher davantage de la réalité de la perception visuelle. De telles œuvres s'apparentent à des études de modèles, non toutefois dans le sens d'une étape préparant à la réalisation d'une composition plus importante, mais bien plutôt dans le sens où l'entendait Matisse, d'une prise de connaissance de l'objet. Pendant que les yeux explorent les formes du modèle, sur le papier la main experte de Matisse interprète déjà, selon son inspiration et sa conception du sujet. C'est ce qui donne toute leur originalité à ces œuvres. Contrairement aux autres planches de cette série de lithographies, qui représentent exclusivement des nus ou des portions de corps, la composition présentée ici est située dans un contexte spatial, défini par les lignes du sol et le dossier en vannerie du fauteuil. La scène acquiert ainsi une plus grande force expressive, qui réside d'une part dans le jeu formel du fauteuil et du nu, d'autre part dans le motif du dossier qui donne non seulement l'impression d'espace mais aussi de force dynamique: en effet, l'opposition entre le dossier incliné du fauteuil et la figure penchée en avant crée un mouvement de bascule qui anime toute la composition.

14
1913 – Lithographie – Pl. 17 – 48,1 × 27,2 cm – 5 épreuves d'état, 50 épreuves numérotées, signées et monogrammées sur la pierre, sur Japon – Duthuit n° 410 – Bibliothèque nationale, Paris

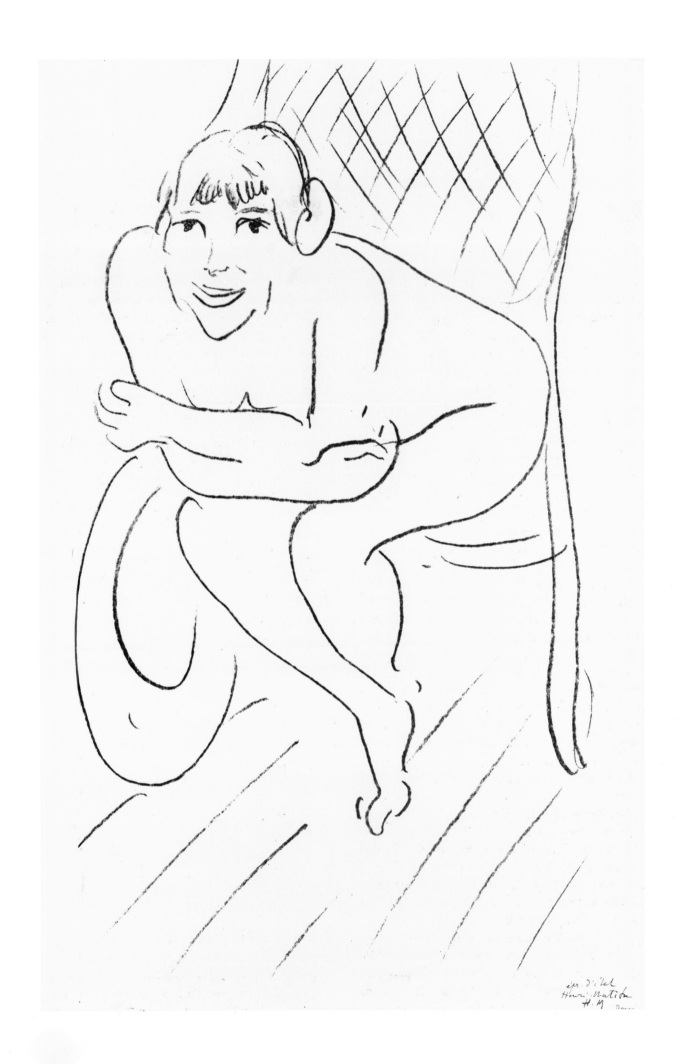

GRANDE IRÈNE VIGNIER

Jusqu'en 1912/1913, Matisse passa ses hivers dans le Sud (Collioure, Marseille, Tanger) pour échapper à la grisaille, à l'humidité et au froid de Paris. Pourtant, à l'automne 1913, Matisse décida de rester dans la capitale. La moisson de son travail de l'été n'avait pas été très importante. En novembre, il écrivit de Paris à son ami Camoin: «La vérité est que la Peinture est une chose bien décevante. Par hasard mon tableau (le portrait de ma femme) a un certain succès parmi les avancés. Mais il ne me satisfait guère, il est le commencement d'un travail bien pénible.»[21]

L'artiste semble avoir traversé une crise à cette époque. Il paraissait d'une part épuisé par l'effort surhumain que lui coûtaient ses grandes commandes russes et la mission qu'il s'était donnée, et d'autre part, freiné dans son travail créateur par une actualité artistique de plus en plus agitée par les théories révolutionnaires des Cubistes. A l'automne, Matisse loua un atelier au 19 quai Saint-Michel, dans l'immeuble qu'il avait quitté en 1909. Il écrivit de nouveau à Camoin: «Je t'étonnerais probablement, si je te disais que j'ai tiré des plans pour passer quelques mois à Paris, en sous-louant un atelier à Montparnasse estimant que j'avais à faire pour le moment un travail de concentration, et que le voyage, le changement de climat et l'excitation des nouvelles choses, dont le pittoresque nous touche d'abord avant tout, me mènerait à la dispersion, que l'excitation de Paris me suffirait pour le moment.»[22]

Matisse sembla faire le point sur sa carrière artistique, il se retira dans le calme de son nouvel atelier et commença, comme il le faisait si souvent dans ces périodes d'autocritique, à se concentrer à nouveau sur son environnement et à dessiner d'après le modèle. Il s'acheta une petite presse manuelle et approfondit sa technique de la pointe sèche. Le déclenchement de la Première Guerre mondiale favorisa ses intensions artistiques, car Matisse ne put être mobilisé, contrairement à nombre de ses amis. Pour oublier quelque peu cette période de tension politique et la «tristesse du ciel» de Paris, dont il se plaignait souvent, l'artiste se concentra intensément sur son travail.

Matisse trouvait ses modèles dans sa famille et parmi ses amis. La jeune Irène Vignier, alors âgée d'une douzaine d'années, fut un objet de prédilection pour le peintre. D'après Pierre Matisse, fils de l'artiste, elle était ravissante. Son père, Charles Vignier, était antiquaire et s'intéressait particulièrement à l'art oriental. Matisse grava à l'eau-forte sur plusieurs petites plaques les traits harmonieux de l'enfant, tantôt ombrés de parties sombres, tantôt résumés en quelques lignes à la manière d'un masque, mais le visage restait toujours

sérieux et expressif. L'eau-forte fut sans doute précédée d'un dessin au crayon (aujourd'hui au Baltimore Museum of Art) rappelant certaines œuvres d'Ingres. L'estampe présentée ici, la plus grande quant au format, est un véritable chef-d'œuvre de finesse. Des feuilles traitées comme de petites taches, à la manière des flocons de neige des estampes japonaises, augmentent encore la légèreté de ce portrait et rappellent que Charles Vignier était un grand connaisseur de l'art japonais, dont il possédait une collection, certainement connue de Matisse. C'est avec délicatesse que l'artiste conduit la pointe à graver sur la plaque par petits à-coups, bien visibles dans les lignes légèrement saccadées, qui traduisent tout à fait l'incertitude et la fragilité des traits de l'adolescente.

15
1914 – Eau-forte – Pl. 2 – 17,9 × 12,9 cm – 1 épreuve d'état, 15 épreuves numérotées, signées, sur Chine appliqué – Duthuit n° 19 – Collection particulière

DOUBLE PORTRAIT DE JOSETTE GRIS

Avant que les Allemands n'occupent Paris durant la Première Guerre mondiale, la famille Matisse était partie vers le Sud de la France, pour atteindre Collioure le 10 septembre 1914. C'est là qu'elle rencontra Juan et Josette Gris. Les deux familles se lièrent alors d'une solide amitié, nourrie par un fécond échange de réflexions sur l'art et une reconsidération des théories cubistes. Gris écrivit à Kahnweiler: «Je vois souvent Matisse. [...] Nous parlons de peinture avec acharnement tandis que Marquet écoute en traînant les pieds.»[23]

Gris vivait dans des conditions difficiles, était déjà souffrant, et la guerre le privait en outre du soutien matériel du marchand de tableaux Daniel Kahnweiler, qui s'était chargé de diffuser ses œuvres.

Aidé par Gertrude Stein, Matisse put lui fournir un petit revenu mensuel qui, s'ajoutant aux séances de pose de Josette Gris, aidait le couple à faire face à ses plus cruels besoins. Matisse payait toujours bien ses modèles et, profitant des circonstances particulières de la guerre, il fit le portrait des épouses de ses amis partis au front, telles Mme Derain, Mme Galanis et Emma Laforge. Il réalisa ainsi sept petites eaux-fortes de Josette Gris. Contrairement à ce que laisserait penser le vêtement estival, ces planches furent sans doute réalisées à Paris, après le retour du modèle en octobre. Matisse aimait faire poser ses modèles dans des vêtements qui correspondaient à ses conceptions esthétiques. Le col de marin de Josette allait bien à son visage fin et délicat et s'harmonisait aussi à ses cheveux remontés sur sa tête que complétait une frange mutine. C'était une femme jeune et élancée, aux traits expressifs qui ne manquaient pas de refléter le sérieux de la situation et les soucis quotidiens: «Je me demande parfois si le besoin de manger ne va pas m'obliger à m'engager dans une guerre où ma nationalité ni mon caractère ni mes idées m'appellent. Il s'agit pour nous tous qui avions une route esquissée dans la vie, de changer tout temporellement et devenir je ne sais quoi. Car je sais, mon cher ami, que dans ce cauchemar que nous traversons tous, aucun engagement antérieur ne peut compter et qu'il faut se débrouiller. Comment je ne sais.»[24]

La guerre affectait le moral des artistes, qui cherchaient tous à s'entraider. Dans la palette de Matisse se glissèrent à nouveau des couleurs plus sombres et plus terreuses, de plus fréquentes tonalités de noir, et ses compositions atteignirent un haut degré d'abstraction (cf. *Le Rideau jaune*, 1914/1915, *Le Peintre et son modèle*, 1917). C'est sous l'influence de Juan Gris et de ses amis cubistes que Matisse opéra cette évolution, surtout sensible dans sa peinture. Ses

eaux-fortes furent peu touchées par ces nouvelles considérations esthétiques et restèrent attachées à une confrontation directe avec le modèle, et surtout aux différentes formes de portraits.

Josette Gris dans l'atelier de son mari Juan Gris au Bateau-Lavoir. 1914. Archives Kahnweiler-Leiris

16
1915 — Eau-forte — Pl. 32 — 13,1 × 18,1 cm — 2 épreuves d'essai, 15 épreuves numérotées, signées, sur Chine appliqué — Duthuit n° 64 — Collection particulière

UTAMARO

Matisse disait de Marquet: «Lorsque je vois Hokusai je pense à notre Marquet – et vice versa – je n'entends pas imitation d'Hokusai mais similitude»[25], et racontait plus tard à André Rouveyre: «Du reste les peintres changeaient de tableaux presque d'heure en heure, selon les modifications de lumière apportées aux objets par le mouvement du soleil (Manet, Marquet). On ne regardait pas le Louvre pour ne pas se foutre dedans, c'est-à-dire perdre sa route. Mais on regardait les Japonais parce qu'ils montraient de la couleur. En somme on se développait en rétrécissant son cerveau au lieu de faire le contraire.»

Il est incontestable que les estampes japonaises furent l'une des sources d'inspiration majeures des jeunes Nabis et Fauves. Matisse aurait même acheté quelques planches à bon marché, mais sans toutefois constituer de collection, comme Monet ou les Nabis. «Je n'ai connu et profité des Japonais que par les reproductions, ces mauvais tirages achetés rue de Seine dans les boîtes des portes de marchands de gravures. Bonnard m'a dit la même chose et il a ajouté que lorsqu'il avait vu les originaux, il s'est trouvé un peu déçu. Cela s'explique par la patine et un peu de décoloration des vieux tirages.»[26]

Personne n'ignore l'influence qu'exercèrent les estampes japonaises sur les artistes du tournant du siècle. Pourtant, à notre avis, dans l'eau-forte présentée ici, l'allusion à des modèles japonais doit reposer sur une expérience plus personnelle de l'artiste, sans doute profondément marqué par les expositions d'estampes prestigieuses qui eurent lieu à Paris, au Musée des Arts décoratifs. L'antiquaire et orientaliste Charles Vignier, ami de Matisse, participa à l'élaboration des catalogues[27]. En janvier 1912, on put admirer une sélection de superbes gravures d'Utamaro, véritables chefs-d'œuvre en matière de portrait. Elles exercèrent une profonde influence sur Matisse et contribuèrent peut-être même à éveiller à nouveau en lui l'intérêt pour le portrait. Certains éléments stylistiques de l'exemple choisi ici révèlent la source d'inspiration: gros plan de la tête, visage de trois quarts, contour ovale, cheveux traités en des lignes parallèles, yeux en amande légèrement en biais, portrait ramené sur un seul plan. Utamaro s'est représenté lui-même dans certaines scènes, au milieu de courtisanes. Pourtant ses figures ne regardent pas l'observateur, elles sont soit absorbées par des pensées intérieures, soit occupées par des conversations galantes ou érotiques. Ici la bouche n'a rien de japonais, et paraît étonnamment grande. Matisse conçut un portrait à l'européenne, comportant des caractéristiques du style japonais, mais il y ajouta une présence sensuelle – traduite surtout par ce regard tourné vers le spectateur – qui fait de ce portrait issu de modèles japonais le reflet d'une véritable personnalité.

17
1914 – Eau-forte – Pl. 14 – 17,8 × 12,9 cm – 1 épreuve d'essai, 15 épreuves numérotées, signées, sur Chine appliqué – Duthuit n° 29 – Bibliothèque nationale, Paris

LA PERSANE (MADAME MATISSE)
FIGURE DEBOUT, TÊTE BAISSÉE (MADAME MATISSE)

Format et thème de ces eaux-fortes montrent combien l'influence des estampes japonaises s'exerça longtemps sur Matisse. Remplaçant les jolies courtisanes, c'est ici Amélie Matisse qui, vêtue d'un négligé, illustre la vie de la femme européenne. La silhouette mince drapée d'un ample manteau oriental – représentée la première fois de face, entourée d'un décor de grosses fleurs et de feuilles, et la deuxième fois le vêtement coupé par le bord gauche de la planche, les cheveux relevés sur la tête et le visage incliné comme une Japonaise – témoigne nettement des caractéristiques du style des dessins japonais. La puissance de ces petites gravures est obtenue par les moyens les plus simples, telle la suppression des extrémités (ici les pieds), qui fait paraître la figure encore plus grande. Alors que, dans l'une des versions, on reconnaît sans peine le portrait d'Amélie Matisse, dans l'autre, la figure est entièrement intégrée dans le jeu formel des feuilles constituant le fond de la composition, et devient comme elles élément décoratif.

Amélie Matisse était considérée par tous ses amis peintres comme une femme d'une amabilité et d'un dévouement extrêmes. Jean Puy la qualifiait de «simple et cordiale»[28] et Camoin se rappelle: «Son mariage a été extrêmement heureux pour lui, avec Madame Amélie Matisse, d'un dévouement exceptionnel, travaillant pour lui permettre de ne s'occuper que de sa peinture. Charmante, courageuse et pleine de foi dans le talent de son mari.»[29] Depuis son mariage en 1898 jusqu'à la fin de la Première Guerre mondiale, elle accepta patiemment de poser à plusieurs reprises pour son mari. En 1901, il en fit le premier portrait en pied, en «Japonaise» vêtue d'un kimono et les cheveux ornés d'une fleur, montrant l'influence précoce des objets et vêtements orientaux sur l'artiste. La pose frontale, présentée ici, rappelle ce tableau, mais ce n'est que dans ses petites gravures que Matisse réussit la transposition et l'intégration artistiques des valeurs orientales. Remplacée à partir des années vingt par des modèles professionnels, Amélie n'apparut plus dès lors dans l'œuvre gravé de Matisse.

Madame Matisse. 1934. Photographie. Archives H. Matisse – Collection Claude Duthuit

18 I
1914 – Pointe sèche – Pl. 12 – 16 × 5,9 cm – 2 épreuves d'essai, 15 épreuves numérotées, signées, sur Chine appliqué – Duthuit nᵒ 27 – Bibliothèque nationale, Paris

18 II
1914 – Eau-forte – Pl. 13 – 16 × 6 cm – 1 épreuve d'essai sur Rives, 15 épreuves numérotées, signées, sur Chine appliqué – Duthuit nᵒ 28 – The Metropolitan Museum of Art (Harris Brisbane Dick Fund, 1929), New York

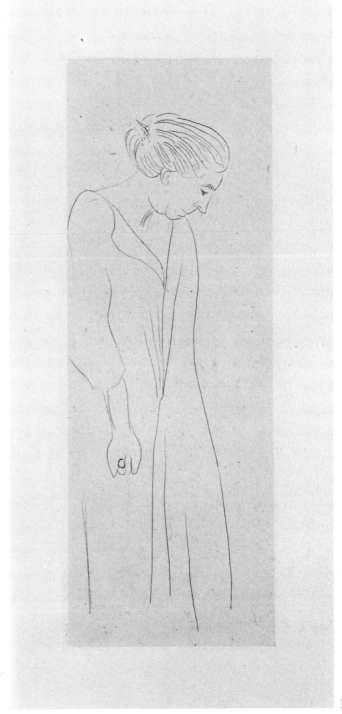

I

II

MARGOT EN KIMONO

«Jusqu'à la fin de la Première Guerre mondiale Matisse utilise fréquemment les membres de sa famille comme modèle. [...] La famille
constitue, pour Matisse, un réservoir de modèles gratuits et constamment disponibles. [...] Tout l'esprit de la famille était dirigé sur
l'effort du père», commente Pierre Schneider dans son importante
monographie[30]. C'est de sa fille aînée Marguerite, surnommée aussi
Margot, que Matisse fit le plus grand nombre de portraits. Dans
cette petite eau-forte, elle était âgée de vingt et un ans. L'influence
japonaise est ici primordiale. Le kimono, avec son joyeux motif de
gros poissons, fut sans doute à l'origine de cette composition. Les
bras cachés derrière le dos augmentent encore la force picturale du
vêtement orné et relèguent les formes du corps au deuxième plan.
Traitement des cheveux et mèche rappellent également les modèles
orientaux, tout comme l'attitude du modèle, détourné du spectateur.

Margot portait généralement un ruban de velours autour du cou,
que Matisse représentait volontiers en noir dans ses peintures pour
constituer un net accent dans la composition picturale. Pierre
Schneider nous révèle les raisons de ce ruban: «Marguerite, en
revanche, de santé fragile depuis une diphtérie dont l'avait sauvée
une trachéotomie à l'âge de quatre ans, était selon sa propre expression ‹la gosse d'artiste qui traînait dans l'atelier›.»[31] Le ruban s'efface
ici en tant que masse, et ne fait que compléter les motifs du vêtement. Dans cette petite esquisse, gravée directement sur la plaque,
Matisse nous donne une nouvelle interprétation du portrait. Le portrait en lui-même s'atténue au profit d'éléments décoratifs, tout en
s'intégrant dans la composition générale; ainsi, on reconnaît bien
les traits familiers du visage de Margot, dont les caractéristiques
marquent encore l'aspect général de la planche. Les liens étroits qui
unissaient l'artiste à ce modèle lui permirent un jeu subtil entre abstraction décorative et réalisme du portrait qui donna lieu à une
œuvre vivante et spontanée, témoin à la fois d'un instant de la vie
de Marguerite et d'une période précise de la carrière artistique de
Matisse. C'était là en effet l'une des particularités de la création de
Matisse: plus il connaissait intimement son modèle, plus sa liberté
d'interprétation était grande.

19
1915 – Eau-forte – Pl. 43 – 19,5 × 10,8 cm – 10 épreuves numérotées,
signées et monogrammées dans le cuivre, sur vélin teinté – Duthuit n° 68
– Collection particulière

FANNY (MADAME DEMETRIUS GALANIS)
FANNY DE TROIS QUARTS

Fanny était l'épouse d'un collègue artiste de Matisse, Demetrius Galanis. Ce Grec avait obtenu la nationalité française pour avoir servi dans l'armée française. Galanis était connu pour ses dessins pleins de vie et d'humour, publiés dans des revues satiriques comme *Le Rire* ou *L'Assiette au Beurre,* mais aussi pour ses bois et illustrations. Il se peut qu'en tant que «peintre-graveur» il ait transmis des conseils techniques à Matisse, avec qui il partageait un grand intérêt pour la musique. Comme on le voit, les relations qu'entretenait Matisse furent dès le début étonnamment cosmopolites.

Le visage de Fanny donna lieu à de remarquables eaux-fortes spontanées, réalisées selon le modèle japonais dans un étroit format vertical. Elles témoignent de l'exceptionnel sens de l'observation de l'artiste et de la grande économie de moyens dont il fait preuve dans l'interprétation de ce visage, qui nous paraît d'autant plus proche qu'il est en partie coupé par les bords latéraux de la planche. Considérées ensemble, ces deux eaux-fortes semblent s'animer comme les images d'un film. Ces esquisses aussi étaient directement travaillées sur la plaque. Walter Pach, peintre américain ami de Matisse, illustra la rapidité de travail de Matisse par l'histoire suivante: en 1914, Pach se trouvait depuis un certain temps dans l'atelier de son ami, devisant agréablement. Sur le point de partir, il fut retenu par Matisse qui lui demandait cinq minutes pour graver son portrait – une montre étant probablement posée sur la table. Ce portrait fut directement gravé sur la plaque. Matisse prenait plaisir à de tels moments, comme nous le montre la suite de l'histoire racontée par Pach. Le résultat n'était pas meilleur avec une pose plus longue: «Nous regardâmes la gravure faite en cinq minutes [...], elle avait précisément la vie que les choses plus lourdement travaillées avaient perdue.»[32]

Matisse trouvait dans ces petits portraits à l'eau-forte un champ d'application insoupçonné de son art, qui mettait à l'épreuve ses conceptions artistiques et leur concrétisation, tout en exerçant sa propre capacité de concentration. Il avait en effet sans cesse besoin de s'assurer du niveau de ses créations.

20 I
1914 – Eau-forte – Pl. 18 – 16 × 6,1 cm – 15 épreuves numérotées, signées, sur Chine appliqué – Duthuit nᵒ 36 – The Metropolitan Museum of Art (Harris Brisbane Dick Fund, 1929), New York

20 II
1914 – Eau-forte – Pl. 20 – 15,9 × 6,1 cm – 1 épreuve d'état, 15 épreuves numérotées, signées, sur Chine appliqué – Duthuit nᵒ 38 – The Metropolitan Museum of Art (Harris Brisbane Dick Fund, 1929), New York

I

II

PORTRAIT DE FACE

Aussitôt le dessin gravé sur la plaque, Matisse avait la possibilité d'en faire un tirage dans son propre atelier, grâce à sa presse manuelle. Cet aspect technique revêtait une importance non négligeable dans le processus créateur de l'artiste. Il pouvait en effet immédiatement juger du résultat de son travail. L'image imprimée était inversée et présentait ainsi à l'artiste des effets nouveaux, insoupçonnés, tout en lui permettant de prendre ce recul par rapport à l'œuvre qu'exigeait sans cesse son propre sens critique. Ces portraits, réduits à quelques lignes, réagissaient aux moindres nuances du trait. Nous savons qu'en peinture Matisse ne parvenait à la version finale qu'après d'innombrables retouches. Ici par contre, on est en présence d'une œuvre d'un instant ne pouvant être que conservée avec des corrections minimes, ou détruite. Il est difficile de savoir le nombre et la fréquence des corrections que Matisse apportait à ses compositions. Il laissait souvent à ses gravures certaines imperfections, lorsque la conception générale correspondait bien à son idée de départ ou encore lorsque l'impression lui avait réservé des surprises positives. Contrairement au cas de la peinture, il ne retravaillait pas ce qui était déjà commencé, mais recréait chaque fois une nouvelle composition, comme dans un carnet de dessins. Il éliminait probablement celles qui ne lui paraissaient pas satisfaisantes, ne gardant que celles qui revêtaient une signification pour la poursuite de son travail. Il ne cherchait pas ici en effet la seule perfection du résultat.

Le monotype vint enrichir l'expérience de graveur de Matisse par deux aspects essentiels: le rapport noir et blanc était inversé, et il n'y avait qu'un seul tirage possible, équivalant à un original. Un visage, tel un masque, éclaire ici le fond noir de la feuille; seuls les yeux et les cheveux rappellent encore certaines structures picturales, mais ils sont cependant légèrement schématisés, comme dans les eaux-fortes. On peut apercevoir dans l'original quelques corrections au niveau de l'amorce des cheveux et du menton qui témoignent de l'extrême sensibilité de ces lignes. Matisse a réalisé quatre petits monotypes illustrant les mêmes traits.

L'analogie avec un masque se trouve encore confirmée par la luminosité du trait blanc sur fond noir, d'un rayonnement presque magique. Nous savons que Matisse, comme beaucoup de ses contemporains, portait un grand intérêt à l'art primitif africain et océanien. C'est avec fascination qu'il aurait étudié le masque Fang blanc, originaire du Gabon, que Derain avait acheté en 1905 à son ami Vlaminck: «Derain emporta ce masque dans son atelier de la rue Tourlaque où Picasso et Matisse furent réunis et troublés devant cette pièce», se rappelait Vlaminck[33]. L'intensité avec laquelle Matisse étudia à nouveau dans les années 1910 les formes structurelles de l'art africain apparaît dans ses sculptures *Dos III* ou *Jeannette V*, mais aussi dans l'important portrait de sa femme (aujourd'hui au Musée de l'Ermitage).

21
1914-1915 – Monotype – 8,3 × 5,9 cm – Sur Chine appliqué, signé «Monotype Henri Matisse» au crayon en bas à droite – Duthuit n° 332 – Collection particulière, New York

NU ASSIS AU BRACELET II

Le tracé des lignes blanches qui décrivent ce nu assis éclaire le fond noir comme un rayon de soleil et souligne la présence sensuelle et animale de la figure. Seins, poils et jarretière semblent vibrer, tout comme semblent onduler les courbes mouvantes et parfois saccadées de la ligne. Matisse, sans doute lui-même surpris par la monumentalité et la sensualité de ce monotype, en réalisa quatre versions, déplaçant chaque fois un peu plus le torse sur la planche. Son modèle était ici Loulou, amie de l'acteur Gaston Modot. Elle apparaît assise sur la même chaise dans un portrait à l'eau-forte (cat. Duthuit 52), puis dans différentes versions coiffée d'un chapeau à fleurs.

Matisse connaissait bien les représentations sensuelles et érotiques des estampes japonaises, qui avaient inspiré d'ailleurs des interprétations parfois pornographiques, comme *L'Académie des dames* (1912/1913) d'Albert Marquet (parue à New York dans une édition privée). Matisse n'osa se permettre de telles libertés et condamna même certains peintres: «Van Dongen a augmenté sa notoriété par un petit scandale pour lequel il a été aidé par la pudibonderie de Desvallières. [...] Une femme ouvre son manteau pour montrer son chat. Je prends le tableau pour une cochonnerie comme esprit. Mais n'en a-t-on pas vu d'autres?»[34] (*Le Châle espagnol,* 1913).

Matisse apprit aussi des Japonais à accorder une nouvelle valeur à l'encre d'impression: «Les Orientaux se sont servis du noir comme couleur, notamment les Japonais dans les estampes.» Il découvrit également dans ce domaine des modèles européens en la personne de Manet, mais aussi d'Odilon Redon, tous deux des peintres qu'il appréciait beaucoup. Les négatifs de photos eurent aussi une grande influence sur l'artiste qui, fasciné par cette inversion des valeurs claires et obscures, découvrait en eux une démystification de l'objet, soumis désormais à une nouvelle lecture: «Nous sommes encombrés des sentiments des artistes qui nous ont précédés. La photographie peut nous débarrasser des imaginations antérieures.»

22
1914 – Monotype – 17,9 × 12,2 cm – Sur Chine appliqué, signé «Monotype Henri Matisse» au crayon en bas à droite – Duthuit n° 359 – Bibliothèque nationale (donation Jean Matisse), Paris

Monotype

Henri Matisse

NATURE MORTE AUX POISSONS ROUGES V

Alors que les eaux-fortes réalisées pendant la guerre étaient presque exclusivement consacrées au portrait et au nu, les monotypes, eux, témoignent souvent de parallèles avec la peinture, montrant ainsi qu'ils furent sans doute considérés par Matisse comme des transpositions récréatives des thèmes qu'il traitait dans ses tableaux. Matisse évoquait souvent le rôle et la fonction détendante des changements de modes d'expression artistique, parmi lesquels il comptait aussi l'argile: «Quand je me fatigue d'une technique, je me tourne vers une autre – et souvent je fais ‹pour me nourrir› une copie d'une figure anatomique en argile», répondit-il en 1912 au cours d'une interview. Sa fille Marguerite tenait des propos analogues au sujet de la gravure: «En général exécutées à la fin de séances de peinture difficiles, les estampes représentaient pour l'artiste une conclusion agréable. [...] La clarté de la ligne et la luminosité spéciale émanant des planches qui étaient produites de cette manière constituaient en un sens le bénéfice direct des périodes d'effort soutenu qui les avaient précédées et offraient de plaisantes variations sur le thème qui le préoccupait alors.»[35]

Ce plaisir de l'artiste transparaît dans les monotypes suivants, qui empruntent tous deux leur thème à la peinture. Le bocal de poissons rouges, apparu à partir de 1911, constitue une forme et une touche de couleur essentielles dans les tableaux de Matisse, qui introduit aussi cet élément en 1929 dans une série de gravures. Ce thème donna lieu à six grandes compositions, dont trois chefs-d'œuvre, *Les Poissons rouges* (1911; Moscou, Musée Pouchkine), *Les Poissons rouges* (1914/1915; New York, Museum of Modern Art) et *Intérieur, bocal de poissons* (1914; Paris, Musée national d'Art moderne, Centre Georges-Pompidou).

La couleur écarlate des poissons – qui, souvent équilibrée dans les peintures de Matisse par du noir, déterminait l'ensemble de la composition et la tonalité finale des tableaux – est remplacée ici par un jeu subtil de formes et de textures visant à recréer des contrastes tout en replaçant les différents éléments dans une nouvelle unité esthétique. L'exubérance végétale s'oppose à l'architecture, la forme dynamique des feuilles au statisme du bocal. Aussi bien les plantes que le bocal diffusent une étonnante clarté: ce sont de petits feux d'artifice «générateurs de lumière». «Depuis déjà très longtemps j'ai conscience de m'exprimer par la lumière ou bien dans la lumière, qui me semble comme un bloc de cristal dans lequel se passe quelque chose», nous apprendra plus tard Matisse.

23
1914-1915 – Monotype – 17,5 × 12,5 cm – Sur Chine appliqué, signé «Monotype Henri Matisse» à l'encre en bas à droite – Duthuit n° 355 – Collection particulière, New York

monotype

Henri Matisse

LES COLOQUINTES

Enfant du Nord de la France, Matisse trouva ses premières inspirations artistiques dans la nature morte et surtout dans sa représentation par les maîtres hollandais. Ce thème resta un motif essentiel dans son œuvre, mais aussi un précieux domaine d'application et d'expérimentation artistiques. Ainsi son importante *Nature morte d'après de Heem* (hiver 1914/1915) lui servit à étudier les pensées et théories cubistes, approfondies et actualisées par ses nombreuses conversations avec Juan Gris. Simultanément Matisse soumettait l'objet à de nouvelles interrogations. Il avait encore à l'esprit cet étonnant éclat que dégageaient les objets représentés dans les tableaux des maîtres anciens, qu'il s'agisse d'un précieux pot en étain ou d'une simple carafe. Il semble que la coupe et l'assiette de fruits aient revêtu pour Matisse un charme et une signification particulière, car il en donna de multiples variantes dans ses œuvres. Ainsi la coloquinte, plante subtropicale, devint pour l'artiste un thème privilégié à partir de son premier séjour en Algérie, dans la ville de Biskra. Matisse était sans doute aussi bien attiré par la richesse des formes de ce fruit que par la luminosité de sa couleur, faisant en cela tout à fait écho aux propos visionnaires de Guillaume Apollinaire: «Si l'on devait comparer l'œuvre d'Henri Matisse à quelque chose, il faudrait choisir l'orange. Comme elle, l'œuvre d'Henri Matisse est un fruit de lumière.»[36] Ce qu'Apollinaire disait de l'orange est vrai également pour la coloquinte. Ce fruit inspira aussi le titre d'une toile, *Les Coloquintes* (1916; New York, Museum of Modern Art), nature morte placée sur un fond imaginaire de noir et de bleu, où chaque objet, nettement détaché des autres, témoigne d'une existence indépendante. Les trois fruits présentés dans le monotype sont disposés de la même manière, mais cette fois placés dans un contexte plus précis. D'autres versions nous permettent en effet de reconnaître le plateau marocain et la décoration des murs.

Les objets sont devenus ici des corps dispensateurs de lumière, acquérant leurs volumes par des courbes qui s'enflent et s'amenuisent, mais aussi par des fragments de lignes qui surgissent comme de simples signes du fond noir. Dans l'original, les corrections massives apportées à l'encre noire sur le fruit de droite montrent nettement combien ces lignes respirent, bougent et semblent vouloir se poursuivre dans les parties obscures de la composition. Leur dynamisme, leur extrême diversité et la sensibilité de leur interprétation du sujet annoncent déjà l'œuvre tardive de l'artiste et ne cessent de nous rappeler les conseils notés par Sarah Stein: «Il faut toujours rechercher le désir de la ligne, le point où elle veut entrer ou mourir.»

24
1916 – Monotype – 17,7 × 12,6 cm – Signé, sur vélin Lepage – Duthuit n° 387 – Bibliothèque nationale (donation Jean Matisse), Paris

Henri Matisse
monotype

LE PEINTRE ALBERT MARQUET

Depuis leurs premières années d'études à Paris, Matisse et Marquet partageaient une profonde et solide amitié. Les deux artistes avaient suivi ensemble les cours de l'Ecole des Arts décoratifs, fréquenté l'atelier de Gustave Moreau, copié au Louvre sans un sou en poche, brossé des esquisses des passants dans les rues de Paris et dessiné des nus dans l'atelier d'Henri Manguin. Ils avaient enfin habité l'un à côté de l'autre et voyagé tous deux dans le Midi et en Algérie. En 1908, Marquet reprit à Matisse son petit trois-pièces du 19 quai Saint-Michel avec sa vue superbe sur Notre-Dame, sujet de tant de compositions. Il y travailla jusqu'en 1931. Lorsque à l'automne 1913 Matisse loua à nouveau un atelier dans la même maison, mais cette fois un étage plus bas que Marquet, les deux amis redevinrent voisins. Leurs relations s'intensifièrent pendant la guerre, nombre de leurs amis étant partis pour le front. Matisse écrivit par exemple en 1914 à Camoin: «Je suis parti à l'aventure à Paris, pensant voir Marquet»[37], puis, au plus profond de cette période troublée: «Je n'ai pas de nouvelles de mes parents ni de mon frère. Les Allemands ne veulent plus transmettre les nouvelles. [...] Marquet et moi avons fini par nous remettre au travail. [...] Je fais beaucoup d'eaux-for-tes.»[38] La minutie et la concentration qu'exigeait le travail au burin devaient aider l'artiste à écarter quelque peu ses soucis. Il envoya de Marseille la note suivante à Camoin: «A Marseille depuis bientôt une semaine avec le Père Marquet [comme il avait coutume de l'appeler]. Nous ne nous y ennuyons pas quoique notre conduite n'a rien que de très respectable. Même quand nous avons été rue de Boutry [quartier de prostituées] nous y avons conservé une gravité d'esprit qui permet de tout voir sans descendre.»[39]

C'est le sens aigu de l'observation de son ami que Matisse rend ici par ce curieux regard aux yeux à demi plissés. Ce portrait esquissé peut très bien avoir été exécuté de mémoire, comme celui de sa mère, réalisé quelques années auparavant dans une cabine téléphonique. Le visage de Marquet est ici extrêmement évocateur. Décrivant le modèle, André Salmon évoquait «ce pince-nez de bureaucrate — ce sourire pincé mais sensible, qui ne l'abandonne jamais»[40]. Georges Besson, quant à lui, brossait ainsi son portrait: «Au physique et dans son personnage, Marquet parmi nous n'était pas le moins particulier. Sa légère claudication, sa taille si peu élancée, sa myopie chevauchée du binocle, son petit chapeau mou plat, cocasse, rabattu sur les yeux, tout cela à priori ne paraissait pas lui attirer l'intérêt des demoiselles.»[41]

Les deux hommes étaient certainement plus liés par des qualités humaines et des souvenirs communs que par des considérations intellectuelles et artistiques. Pourtant ils exercèrent l'un sur l'autre une influence réciproque: en effet, si Matisse fut fasciné au début des années 1900 par les esquisses de Marquet, c'est lui qui, à son tour, influença les nus que son ami réalisa ultérieurement.

Albert Marquet à l'Estaque. 1918. Photographie de George Besson

25
1914-1915 — Monotype — 14,5 × 10,5 cm — Sur vélin Tochon-Lepage, signé «Monotype Henri Matisse, le peintre Marquet» au crayon en bas à droite — Duthuit n° 329 — Collection particulière, New York

monotypie
Henri Matisse
le peintre Marquet

MLLE LANDSBERG (grande planche)

L'amitié qui le liait à la famille des Stein, les collectionneurs américains, et plus particulièrement à Michel et Sarah Stein, fit connaître à Matisse un grand nombre d'écrivains, de philosophes et d'intellectuels de toutes nationalités. Il fut ainsi en étroite relation avec l'Anglais Matthew Steward Pritchard, personnalité énigmatique et mystique qui lui fit découvrir la philosophie de Bergson, très controversée à l'époque, et la conception dynamique de l'existence que l'écrivain avait définie dans son *Evolution créatrice*. Les Brésiliens Albert et Yvonne Landsberg faisaient aussi partie de son cercle d'amis et connaissances. Yvonne, jeune femme timide et réservée, n'était pas particulièrement jolie, car elle souffrait d'un menton tombant qui semblait déformer son visage. Au printemps 1914, on demanda à Matisse d'exécuter son portrait, espérant ainsi effacer quelque peu les complexes de la jeune femme. Ce genre de travail intéressait beaucoup Matisse, car il le confrontait aux limites et possibilités offertes par la structure même du visage humain. D'ailleurs, l'artiste cherchait généralement des visages expressifs, voire asymétriques, plutôt que des modèles d'une parfaite beauté. Il réalisa plusieurs dessins, une toile étonnamment abstraite (Philadelphie, Museum of Art) et une série d'eaux-fortes représentant le modèle vu de face. Dans l'exemple proposé ici, le léger défaut du visage s'efface pour laisser place à une expression douce et pensive. Seul un œil averti peut encore y déceler la disproportion du menton trop long.

Albert Landsberg nous laissa ces notes sur le travail de Matisse: «Le jour de la première séance, nous découvrîmes qu'avant que nous arrivions au quai Saint-Michel Matisse avait passé toute la matinée à faire de ravissants dessins de fleurs – ou plutôt de boutons – de magnolia (que, disait-il, ma sœur lui rappelait). Il avait fait cela tout le matin, et était tracassé par les boutons qui s'ouvraient et devenaient si vite des fleurs épanouies.»[42] Cette analogie poétique entre la fleur en bouton et la jeune fille est très séduisante, mais elle n'est pas propre à ce seul portrait. En effet Matisse, inspiré sans doute par l'art oriental, utilisa aussi le motif des fleurs dans d'autres portraits de la même époque. Matisse était un artiste extrêmement consciencieux. Il avait coutume d'exercer ses doigts avant chaque travail, jouant même parfois du violon pour leur donner souplesse et virtuosité. Cette association entre les feuilles, les fleurs et la femme (le modèle), qui s'annonce ici dans le cadre offert au visage, prit par la suite une grande importance dans l'œuvre de Matisse. Pourtant, on s'étonnera qu'aucun des dessins de fleurs évoqués plus haut n'ait été conservé. Il est probable que l'artiste ait considéré ces esquisses comme de simples exercices qu'il détruisait par la suite.

26
1914 – Eau-forte – Pl. 16 – 20,1 × 11 cm – 15 épreuves numérotées, signées, sur Chine appliqué – Duthuit n° 33 – Collection particulière

GRETA PROZOR

Comédienne pleine de talent, interprète d'Ibsen, Greta Prozor (1885–1978) fréquenta dès le tournant du siècle les cercles littéraires parisiens qui entouraient Lugné-Poe. Elle était habituée au monde par ses parents, la comtesse suédoise Märtha Bonde et le comte Maurice Prozor, diplomate lituanien au service de la Russie, qui se fit aussi connaître comme traducteur d'Ibsen. Sa fille, pleine de tempérament et douée pour le théâtre, trouva en lui une source d'inspiration. Elle épousa un élève de Matisse, le peintre norvégien Walter Halvorsen et fit très tôt partie du cercle amical qui se réunissait chaque dimanche autour du grand maître à Issy-les-Moulineaux près de Paris. Elle se souvient: «C'est pendant une de ces réunions de dimanche qu'il [Matisse] me demande de poser pour un portrait, ce que j'acceptais naturellement. Je passais alors bien des matinées dans son atelier parisien [au quai Saint-Michel]. Il fit de nombreux dessins avant de commencer le portrait lui-même. Il me faisait parler, m'interrogeait sur mes souvenirs de théâtre [...], et soudain m'arrêtait d'un geste pour tracer en quelques lignes une attitude qui lui plaisait. Il me fit cadeau d'un de ces dessins, quant au tableau même, après quelques séances, Matisse me déclara qu'il ne pouvait le continuer, il n'était pas satisfait du résultat.»[43] Matisse garda longtemps cette toile chez lui, la considérant plus tard comme l'un de ses portraits les plus importants. Le tableau est aujourd'hui au Centre Georges-Pompidou à Paris.

Avec ce modèle, selon toute évidence, Matisse ne se sentait pas contraint par les exigences d'une commande et laissait libre cours à son interprétation. L'atmosphère de théâtre qui enveloppait l'actrice l'incitait à exagérer et à singulariser les traits individuels de son modèle. Dans la version finale, c'est un visage hiératique, à la fois majestueux et autoritaire, qui s'offre à nos yeux. La nature d'actrice de Greta Prozor guidait la main de l'artiste et l'incitait à créer une réalité magique et théâtrale, soumise à ses propres lois et exigences. Avec cette jeune femme, à la fois modèle et actrice, Matisse vécut à un double niveau cette relation dynamique sujet-objet qui l'attirait tant dans son travail avec les modèles. L'actrice avait à la fois ce côté fantôme et jongleur qui caractérisait aussi son propre métier. L'essentiel, dans son portrait, était donc la force persuasive de la réalité représentée.

La gravure est ici une étape dans l'élaboration du tableau. Il semble qu'elle fût même une étape particulièrement importante pour Matisse, car il ne détruisit pas cette version, malgré l'état fragmentaire de la tête. Le caractère énigmatique, mais aussi l'intense présence de ce visage rendu par les traits fermes et énergiques de la

pointe sèche, semblent avoir déterminé l'aspect du tableau imaginé par l'artiste. Le regard du modèle, ainsi que le rebord du chapeau sont encore assez mouvants et incertains, mais ils confèrent déjà au visage son aspect de masque, sans pourtant couvrir tout à fait son agitation intérieure. Matisse ne réussit pas seulement à saisir les traits essentiels de Greta Prozor, mais aussi l'interprète d'Ibsen.

Greta Prozor. Photographie. Collection particulière

27
1916 – Pointe sèche – Pl. 105 – 15,1 × 11 cm – 3 épreuves d'essai dont une sur Rives, 15 épreuves numérotées, signées, sur Chine appliqué – Duthuit n° 72 – Collection particulière

CAMPANULE

En 1911/1912, Matisse réalisa à Issy-les-Moulineaux un étonnant tableau dans des tonalités de bleus, *La Fenêtre bleue* (New York, Museum of Modern Art). Matisse y évoquait la vue offerte par sa chambre sur le jardin et le toit de son atelier voisin. Différents objets posés sur le rebord et le cadre de la fenêtre retiennent le regard et l'empêchent de glisser vers les lointains du paysage. Ces objets sont parfois difficiles à identifier, mais on reconnaît une lampe, un miroir carré, une assiette avec des bijoux, un vase de fleurs, une sculpture d'art primitif, une petite carafe et une céramique chinoise. Les tonalités de bleus envahissent toute la surface du tableau, indépendamment de leur contexte spatial. Questionné plus tard à la radio sur ce thème de la fenêtre ouverte, Matisse expliquera: «Pour moi l'espace de l'horizon à l'intérieur de la chambre est continu et le bateau qui passe vit dans le même espace que les objets familiers autour de moi: le mur autour de la fenêtre ne crée pas deux mondes.»[44]

Ce que Matisse disait à propos de la fenêtre de Nice, ouverte sur un bateau qui passe, s'applique aussi à la gravure présentée ici. Cette petite esquisse réalisée à la pointe sèche reprend le même thème que le tableau d'Issy-les-Moulineaux, en réduisant toutefois les objets disposés sur le rebord de la fenêtre. La vision offerte est la même. Matisse grava directement sur la plaque (l'image est ici inversée), commençant, pour la fenêtre de gauche, par le cadre qu'il compléta ensuite par les objets, et procédant inversement pour la deuxième fenêtre. Matisse jouait avec les motifs, semblant ici les reproduire d'après son tableau achevé qu'il gardait en mémoire. Les tailles témoignent partout d'une intensité équivalente; elles ne visent pas à traduire une quelconque perspective, mais bien plutôt à créer une composition homogène, sur un seul plan, comme les tonalités de bleus de la toile.

La même plaque servit à Matisse pour des études de fleurs et de plantes d'un étonnant naturel. Elles témoignent d'exercices exécutés librement, sans les contraintes que s'imposait Matisse pour tableaux et portraits. Ces esquisses, apparemment gratuites, permettaient aussi à l'artiste de se transposer dans le monde de la création, d'éveiller son imagination et de préparer sa main à un travail ultérieur: «On se met en état de création par un travail conscient. Préparer un tableau ce n'est pas travailler sur des compartiments plus ou moins arrêtés de ce tableau. Préparer son exécution c'est d'abord nourrir son sentiment par des études qui ont une certaine analogie avec le tableau, et c'est alors que le choix des éléments peut se faire. Ce sont ces études qui permettent au peintre de laisser aller l'inconscient.» Comme nous l'avons constaté à plusieurs reprises, Matisse doit avoir détruit nombre de ces études. S'il en a conservé quelques-unes dont il réalisa des tirages limités, c'est sans doute parce qu'elles comportaient des éléments nécessaires à la poursuite de son travail – même si ces détails n'étaient que techniques – ou qu'elles faisaient pour lui figure de tests.

28
1913 – Pointe sèche – Pl. 51 – 14,9 × 9,8 cm – 12 épreuves numérotées, signées, sur vélin – Duthuit n° 10 – Collection particulière

TÊTE DE MARGUERITE II

Si le portrait de Greta Prozor l'avait conduit à un haut degré d'abstraction, l'effigie de sa fille Marguerite inspira ici à Matisse une représentation d'un étonnant réalisme, comme si l'artiste avait voulu questionner à nouveau les traits de ce visage pourtant familier. Il s'agit curieusement ici du dernier portrait de sa fille, après une longue série exécutée depuis sa naissance en 1894, mis à part certains tableaux des années vingt dans lesquels elle anime, en compagnie du modèle Henriette, intérieurs et paysages. Ce n'est qu'à la fin de la Seconde Guerre mondiale que son visage apparaît à nouveau dans plusieurs lithographies. Durant la guerre de 1914/1918, elle servit de modèle à son père pour de nombreux portraits souvent d'un grand réalisme et d'une puissante force expressive. Le peintre cherchait-il et découvrait-il dans cette femme âgée de vingt-six ans les traits qu'il avait aimés jeune homme dans le visage de sa mère? En se mariant avec Amélie Matisse, l'artiste avait aussi accueilli Marguerite, petite fille alors âgée de quatre ans. Celle-ci était d'une santé fragile et requérait tous les soins attentifs de ses parents. Elle révéla bientôt elle aussi des dons pour la peinture, qui la conduisirent à s'occuper de l'œuvre graphique de son père – malgré quelques interruptions du vivant du peintre – et de l'héritage artistique qu'il laissa à sa mort. C'était elle qui renseignait collectionneurs et marchands, qui aidait à contrôler la qualité des tirages et se chargeait enfin de la correspondance. Matisse accordait une grande importance à son jugement.

Le portrait reproduit ici sert de frontispice au premier album de dessins (1920) rassemblés par l'artiste lui-même. Il s'agit d'esquisses du modèle Antoinette exécutées souvent en relation avec un projet de tableau. Il découvrit ce modèle à Nice en 1918 et l'emmena avec lui en été à Issy-les-Moulineaux. C'est là qu'il réalisa son important tableau intitulé *Le Thé* (1919; Los Angeles County Museum of Art), où figurent Antoinette et Marguerite, celle-ci étant reconnaissable à son ruban noir autour du cou. Antoinette n'apparaît pas dans l'œuvre gravé de Matisse. L'artiste devait en effet surtout graver à Paris, à proximité de sa presse.

Marguerite jouait toujours avec patience son rôle de modèle. Les œuvres qu'elle inspira à son père furent souvent à l'origine d'innovations esthétiques, comme en témoigne ce portrait dans le style réaliste des années vingt, réalisé dans le même esprit que de nombreux dessins au crayon figurant Antoinette avec une grande finesse d'interprétation plastique.

Marguerite. Vers 1922. Photographie. Archives H. Matisse – Collection Claude Duthuit

29
1920 – Eau-forte – Pl. 198 – 14 × 9,5 cm – Frontispice de *Cinquante dessins* par Henri Matisse, édité par l'artiste en 1920 et tiré à 1000 exemplaires sur Chine appliqué, numérotés à la presse, signés – Duthuit, tome I, p. 68 (sans numéro) – Collection particulière

AUTOPORTRAIT

«Je travaille énormément toute la journée, et avec ardeur, je sais qu'il n'y a que ça de bon et de sûr. Je ne puis faire de politique, comme hélas, presque tout le monde en fait, aussi pour compenser il faut des toiles fermes et sensibles. Métier de forçat que nous avons, sans les certitudes qui font dormir tranquille. Il faut chaque jour avoir peiné toute la journée pour accepter l'irresponsabilité qui met la conscience en repos», se plaignait Matisse à son ami Camoin[45].

Ces propos mélancoliques n'étaient certainement pas sans fondement. Mais, en observant les intérieurs lumineux et aérés de Matisse, les objets qui animent et éclairent ses compositions, nul ne peut percevoir le dur combat mené par l'artiste pour une transposition picturale de son environnement et de ses sensations. De ses œuvres en effet émanent sérénité, joie sensuelle et apparente facilité. Pourtant, cet autoportrait de l'artiste témoigne de tonalités plus sombres, d'une expression à la fois pensive, sérieuse, préoccupée et critique, traduite par de forts contrastes et des contours énergiques. C'est ici un homme de cinquante-quatre ans, songeur, au regard intériorisé: il ne s'observe plus dans un miroir comme dans le portrait de l'artiste gravant, réalisé au tournant du siècle. Il en existe une deuxième version, où Matisse cette fois porte un chapeau et ouvre des yeux particulièrement grands, mais elle est aussi enveloppée de la même mélancolie. Contrairement aux photos prises par Man Ray dans les années vingt, où se lisaient son humour et sa personnalité, l'artiste donne ici l'impression d'être l'employé ou le professeur que beaucoup de ses contemporains voyaient en lui.

Ce portrait est étonnamment direct, comme si le peintre se trouvait en proie à une autocritique sans merci. A cette époque pourtant, Matisse devenait peu à peu un artiste recherché au niveau international, alors que parmi les vieux maîtres seul Monet vivait encore à Giverny, et que Picasso ne jouissait pas encore d'une renommée comparable. Les œuvres de Matisse se vendaient bien et vite, et les expositions se succédaient aussi bien en Europe qu'en Amérique (New York, Londres, Copenhague, Paris). Matisse n'avait plus de soucis matériels. Etait-il donc ému par le départ de sa fille Marguerite, jusqu'ici le plus constant de ses modèles? Elle s'était en effet mariée en 1923 avec l'écrivain d'art Georges Duthuit et avait presque entièrement disparu de ses œuvres. Etait-il peut-être aussi tourmenté par une crise dans sa création artistique et affecté par son inévitable isolement dans un atelier étroit, pour ainsi dire coupé du monde, et que seule la présence régulière de ses modèles venait animer? Renoir, qui habitait dans la ville voisine de Cagnes, était mort, son fidèle ami Camoin s'était marié, Marquet peignait surtout en

Algérie, et Bonnard vivait à part, indifférent aux agitations soulevées par le Cubisme, le Futurisme ou l'Orphisme. La conscience d'une activité créatrice livrée entièrement à elle-même lui pesait plus que jamais auparavant. Il semble aussi que son œuvre ne possédât pas encore pour lui la puissance qu'il lui souhaitait dans son imagination.

Matisse. Vers 1930. Photographie de Man Ray. Collection Lucien Trelliard, Paris

30
1923 – Lithographie – Pl. 132 – 32,5 × 25,5 cm – 10 épreuves numérotées, signées, sur Chine – Duthuit n° 440 – The Art Institute of Chicago (don de Mrs. Homer Hargrave), Chicago

4/10   Henri-Matisse

LA ROBE JAUNE AU RUBAN NOIR

D'après les recherches de Jack Cowart, Matisse descendit à Nice le 20 décembre 1917, habitant d'abord à l'hôtel Beau-Rivage situé directement sur le quai des Etats-Unis, puis, jusqu'au printemps, dans des appartements loués. Il évitait cependant la chaleur torride des étés niçois, et retournait alors dans la région parisienne. Après la guerre, Matisse loua plusieurs fois une chambre dans le confortable hôtel Méditerranée sur la Promenade des Anglais (hôtel qui fut démoli dans les années trente). A l'automne 1921, il emménagea dans un appartement au 1, place Charles-Félix, situé non loin de la mer et jouissant d'une vue magnifique. Il resta dans cette maison jusqu'en 1938, retenu par la lumière chaude et argentée de ce pays méditerranéen, qu'il décrit à Camoin: «Il semble que c'est un paradis qu'on n'a pas le droit d'analyser et pourtant on est peintre, N. de D. Ah! C'est un beau pays Nice! Quelle lumière tendre et moelleuse malgré son éclat. Je ne sais pourquoi je la rapproche souvent de celle de la Touraine (il faut peut-être deux r [sic]). Celle de la Touraine est un peu plus dorée, celle-ci est argentée. Même que les objets qu'elle touche sont très colorés comme les verts, par exemple.»[46]

C'est d'abord dans l'arrière-pays de Nice qu'il donna libre cours à son enthousiasme et à sa fièvre de peindre dans une série d'œuvres ayant oliveraies argentées et jardins paradisiaques pour thèmes. «J'ai fait tout à l'heure une sieste sous un olivier et ce que je voyais était d'une couleur et d'une douceur de rapport attendrissante», écrivait-il dans la même lettre à Camoin. Cette vie et ce cadre idylliques, ainsi que cette luminosité redécouverte après la grisaille des années de guerre passées à Paris, inspirèrent à Matisse une nouvelle appréhension de l'objet, des intérieurs et du modèle. Le titre de la lithographie présentée ici nous révèle qu'elle est en étroite relation avec la peinture, et que Matisse pensait souvent dans ses gravures en termes de couleurs. Jusqu'à présent, l'artiste avait rarement travaillé avec le tendre crayon lithographique et jamais dans ce style pictural. Il avait surtout réalisé des lithographies linéaires d'études de nus. En 1922, dans la lumière méridionale du Midi méditerranéen et à proximité de la maison de Renoir récemment décédé, Matisse étudia à nouveau ce procédé, dont il essaya tous les registres, des plus délicates nuances de modelé aux noirs les plus profonds et aux lignes les plus dépouillées.

A partir de 1920, c'est la figure, le corps de la femme dans ses transformations infinies sous l'effet magique de la lumière, «d'une douceur de rapport attendrissante», qui était devenu son thème principal, sa joie et la nourriture de son âme créatrice, mais aussi la source de recherches souvent laborieuses. Ce travail intensif et de longue haleine, qu'il avait commencé avec Lorette quai Saint-Michel sous le ciel gris de Paris, il le poursuivit désormais à Nice, d'abord avec Antoinette (1918/1919), puis avec Henriette (1919–1920/1927).

31
1922 – Lithographie – Pl. 34 – 39,2 × 28,8 cm – 1 épreuve d'essai, 10 épreuves d'artiste, 50 épreuves numérotées, signées, sur Chine – Duthuit n° 424 – Collection particulière

JEUNE FILLE ASSISE AU BOUQUET DE FLEURS

C'est à l'occasion du projet des éditions Frapier (Galerie des Peintres-Graveurs) de publier un album regroupant différents artistes, que Matisse décida en 1922 d'employer le crayon lithographique. Cette incitation extérieure donna lieu à une production riche et variée. Jusqu'en 1927, elle fut un dialogue ininterrompu entre l'artiste et son modèle Henriette Darricarrère. Elle avait dix-neuf ans lorsque Matisse fit sa connaissance, et travaillait, comme l'écrit Jack Cowart, «aux studios de la Victorine, jouant comme ballerine devant la caméra. L'artiste s'arrangea pour qu'elle commence à poser comme modèle peu après; sa famille rapporte qu'il l'encouragea à continuer ses leçons de piano, de violon et de ballet, lui accordant aussi du temps pour peindre et assister aux concerts et autres événements sociaux de Nice.»[47] Peu de temps auparavant (1919/1920), Matisse avait réalisé, à la demande de Diaghilev, les costumes et le décor du ballet mis en scène d'après *Le Chant du rossignol* de Stravinski. Début 1920, il séjourna à Londres avec l'ensemble des Ballets russes de Monte-Carlo. C'était la première participation de Matisse, après les décors de Picasso pour *Parade* (1917) et *Le Tricorne* (1919). A cette époque, Matisse partageait aussi une solide amitié avec Jules Romains, alors professeur de philosophie au lycée de Nice et amateur passionné d'art dramatique. C'est sans doute cette atmosphère de théâtre et de danse qui conduisit Matisse à engager Henriette comme modèle. Il découvrit en elle à la fois un esprit sensible aux arts et un corps élastique, aux formes sculpturales. Cette fascination qu'elle exerçait sur lui dura sept ans. Comme jamais auparavant, l'artiste se sentait en harmonie avec les traits et l'attitude de son modèle, qui non seulement répondait par son corps aux canons classiques privilégiés par le peintre, mais correspondait aussi par son esprit à l'atmosphère artistique et théâtrale dont il enveloppait les intérieurs conçus dans son atelier. Henriette apparaissait toujours sous des aspects différents, changeant sans cesse de vêtements et d'accessoires, et conférant chaque fois à la composition sa tonalité et son éclat.

De nombreuses lithographies devinrent par elle de véritables peintures. Par des tonalités de gris finement nuancées, des ombres délicates et des clairs-obscurs aux saisissants contrastes, Matisse réussissait, sur un papier Chine d'une extrême minceur, à créer de savants jeux de lumière, qui non seulement engendraient des effets de volumes et d'espaces, mais évoquaient aussi la couleur. La silhouette du modèle, la texture de ses cheveux, ainsi que les motifs de sa robe ont ici une valeur picturale analogue à celle du bouquet de fleurs posé sur la table, ou encore à celle des bandes courant au-

dessous de la fenêtre, et contribuent à structurer l'espace. C'est une fenêtre ouverte sur la mer et le sommet d'un palmier qui indique la source de lumière; pourtant la composition est dominée en réalité par une lumière diffuse et presque éblouissante qui paraît émaner des objets eux-mêmes. Cet effet produit un éclairage étonnant et crée une composition d'une rare qualité picturale qui semble faire des objets des sources de lumière indépendantes.

Henriette. 1921. Photographie. Archives H. Matisse – Collection Claude Duthuit

32
1923 – Lithographie – Pl. 51 – 17,2 × 19 cm – 5 épreuves d'essai sur Chine et sur Japon, 10 épreuves d'artiste numérotées de 51 à 60, 50 épreuves numérotées, signées, sur Japon – Duthuit n° 438 – Collection particulière

ODALISQUE À LA CULOTTE RAYÉE, REFLÉTÉE DANS LA GLACE

«Mes modèles, figures humaines, ne sont jamais des *figurantes* dans un intérieur. Elles sont le thème principal de mon travail. Je dépends absolument de mon modèle que j'observe en liberté, et c'est ensuite que je me décide pour lui fixer la pose qui correspond le plus *à son naturel.*» Cet aveu de l'artiste nous révèle la position centrale qu'occupait le modèle dans son processus de création artistique. Il est significatif d'ailleurs que Matisse ait tenu ces propos en relation avec le dessin, premier pas de l'artiste pour fixer la réalité d'un objet et les réactions qu'il suscite en lui. «J'ai tenu toujours le dessin, non comme un exercice d'adresse particulière, mais avant tout comme un moyen d'expression de sentiments intimes et des descriptions d'état d'âme.» L'artiste essayait d'articuler sur le papier les sentiments et impressions éveillés en lui par la présence du modèle. Le dessin devenait ainsi le produit le plus proche de la réalité et de la nature même de l'objet. Ce qui apparaît à nos yeux comme une apothéose d'un monde de luxe et de sensualité, était avant tout pour l'artiste un moyen d'appréhender l'objet et de s'en rendre maître. Matisse plaçait son modèle comme un corps étranger au sein de son atelier et l'exposait à son atmosphère particulière. L'artiste devenait alors observateur et témoin. Emotions et tensions visuelles étaient transposées dans le dessin et devenaient cette «expression de sentiments intimes» ou cette «description d'état d'âme», qui faisaient la substance même de l'œuvre achevée.

Pour ces recherches, Matisse sembla préférer le dessin au crayon gras ou à la craie, avant de se risquer aux esquisses au trait, d'une plus grande virtuosité. «Le fusain, par exemple ou l'estompe, [qui] permet de considérer simultanément le caractère du modèle, son expression humaine, la qualité de la lumière qui l'entoure, son ambiance et tout ce qu'on ne peut exprimer que par le dessin. Et c'est seulement lorsque j'ai la sensation d'être épuisé par ce travail, qui peut durer plusieurs séances que, l'esprit clarifié, je puis laisser aller ma plume avec confiance. J'ai alors le sentiment évident que mon émotion s'exprime par le moyen de l'écriture plastique.» Les lithographies de 1922/1923 nous révèlent comment Matisse découvrait peu à peu la plasticité et les formes sculpturales du corps (ici Henriette), travaillait ensuite la puissance de sa structure ainsi que la délicatesse de ses détails, en faisant enfin une figure immobile, placée dans un contexte clairement défini par lui-même. Les vibrations et la luminosité de la peau du modèle contrastent ici avec les motifs du décor, créant avec eux de savants effets picturaux.

Il est difficile de dire si la lithographie fut réalisée avant ou après la toile intitulée *Odalisque debout reflétée dans la glace* (1923; Balti-more Museum of Art). En effet, à cette époque, Matisse rechercha dans une série de tableaux ayant figures et intérieurs pour thème une nouvelle représentation picturale de l'espace, susceptible, uniquement par le jeu des couleurs et des différentes substances, d'évoquer la lumière méridionale. Au cours de ces recherches, il transposa fréquemment les sujets de ses toiles dans ses lithographies. La scène est ici inversée par rapport au tableau, ce qui est dû sans doute à la manière de procéder de l'artiste, qui travaillait directement sur papier de report. On décèle par ailleurs dans la peinture des modifications quant à la structure de l'espace, probablement imputables à des problèmes de couleurs, qui parleraient plutôt en faveur d'une réalisation antérieure de la lithographie.

33
1923 – Lithographie – Pl. 43 – 40 × 30 cm – 9 épreuves d'essai, 10 épreuves d'artiste, 50 épreuves numérotées, signées, sur Chine – Duthuit nº 433 – Bibliothèque nationale, Paris

5/50   Henri-Matisse

ODALISQUE AU MAGNOLIA

Questionné sur la fréquente apparition du motif de l'odalisque dans son œuvre, Matisse répondit en 1929 à l'éditeur Tériade: «Je fais des Odalisques pour faire du nu. Mais comment faire du nu sans qu'il soit factice? Et puis, parce que je sais que ça existe. J'étais au Maroc. J'en ai vues.» Il les avait d'ailleurs déjà rencontrées au Louvre, dans les tableaux d'Ingres *(La Grande Odalisque)* et de Delacroix *(Les Femmes d'Alger)*. Ces deux artistes avaient libéré le nu du cadre des boudoirs, le plaçant dans une atmosphère inspirée de l'Orient qui rappelait, par la sensualité de ses motifs, les scènes mythologiques de la Renaissance. Le voyage de Delacroix au Maroc en 1832 enrichit le vocabulaire pictural de l'Occident d'un grand nombre de thèmes orientaux. «J'ai trouvé les paysages du Maroc exactement tels qu'ils sont décrits dans les tableaux de Delacroix et les romans de Pierre Loti», confirmera Matisse en 1951.

C'est aussi aux grandes expositions d'art musulman et asiatique, qui eurent lieu à Paris à la fin du XIXe siècle, que l'on doit l'introduction massive de thèmes islamiques et extrême-orientaux. Matisse se rendit même à Munich en 1910 pour y admirer une vaste rétrospective d'art islamique. Les Ballets russes, par les costumes et les décors aux couleurs splendides de Léon Bakst, contribuèrent également à introduire en Europe un grand nombre de motifs orientaux. Matisse connaissait aussi les courtisanes richement parées des estampes japonaises, et son voyage à Moscou en 1911 lui avait fait découvrir l'héritage byzantin de l'art russe. «La révélation m'est donc venue de l'Orient. C'est plus tard que cet art m'a touché et que j'ai compris la peinture byzantine, devant les icônes à Moscou. On se livre d'autant mieux qu'on voit les efforts confirmés par une tradition, si ancienne fût-elle. Elle vous aide à sauter le fossé.»

Le ciel méridional de Nice éveilla aussi en ce sens l'imagination du peintre, qui enveloppa les simples pièces de son atelier de l'atmosphère séduisante d'un sérail. Matisse s'attacha tout d'abord – et particulièrement dans ses œuvres de 1925/1926 – à la représentation de la figure dans l'espace, parant ses modèles de différents vêtements et accessoires, plus sans doute pour donner un cadre à la scène que pour concrétiser des rêves éventuels.

Matisse avait cependant beaucoup étudié Courbet, pour qui il avait une grande admiration. Il possédait même plusieurs tableaux de lui *(Femme endormie au cheveux roux, Une demoiselle des bords de la Seine, Femme blonde endormie)* et quelques dessins. Il découvrit dans ces œuvres la présence sensuelle et érotique du nu, tantôt voilé d'un linge discret, tantôt dans une nudité séductrice dénuée de toute sublimation artificielle de l'idée sous-jacente de plaisir. «Inutile de vous dire combien mes élèves furent déçus de voir qu'un maître, réputé révolutionnaire, pût leur répéter le mot de Courbet: J'ai voulu tout simplement puiser dans l'entière connaissance de ma propre individualité», répondait Matisse en 1925 à son interlocuteur Jacques Guenne. En effet, dans le calme de son atelier, le peintre plus que jamais était à la recherche de son identité d'artiste.

34
1923 – Lithographie – Pl. 42 – 30 × 40,2 cm – 6 épreuves d'essai sur Chine et sur Japon, 10 épreuves d'artiste, 50 épreuves numérotées, signées, sur Japon – Duthuit n° 432 – Collection particulière

43/50

Henri-Matisse

JEUNE FILLE À LA CHAISE LONGUE DANS UN SOUS-BOIS

Les environs de Nice remplacèrent désormais le jardin d'Issy-les-Moulineaux pour fournir à Matisse éléments végétaux et aperçus de nature. Cette région l'incita à peindre des paysages, tout comme les pelouses et parcs luxuriants de Tanger dix ans auparavant.

Pourtant la production graphique de Matisse n'en porte pas la trace, car elle reste, hormis quelques rares estampes, exclusivement consacrée à la représentation de la figure. On ne rencontre pas, comme chez Bonnard, de vastes aperçus de collines boisées avec vue sur la mer et les montagnes, ni de représentations de ports ou de paysages côtiers. Le peintre chercha ici la pénombre d'un sous-bois, fuyant la lumière aveuglante qui affaiblit les couleurs. Il plaça son modèle au milieu des arbres, non pas sur de l'herbe comme chez Manet ou Courbet, mais dans une confortable chaise longue munie d'une couverture. Cette disposition engendre ici des structures géométriques rigoureuses qui trouvent leur pendant dans l'ordonnance naturelle des arbres. Le modèle docile s'intègre comme un buisson ou une plante dans cet ensemble végétal, les lignes de sa robe se poursuivent dans les herbes folles et semblent traduire sa proximité avec la nature. Sa tête et son chapeau évoquent un bourgeon. Pourtant cette figure n'est pas là par hasard, retranchée dans son isolement, elle regarde le spectateur, elle a un vis-à-vis: c'est le peintre lui-même qui est témoin de cette scène et sa présence se trouve attestée par le chapeau qui gît sur le sol. En d'autres termes, l'artiste est le magicien qui a rassemblé ces motifs, les contraignant à une forme déterminée et à un nouveau contexte. Il place certes son modèle dans la nature, mais celui-ci est étonnamment indifférent et insensible à son environnement, à l'instar du fauteuil qui paraît ici un corps étranger, comme imposé au paysage. Les différents éléments de cette composition témoignent en effet d'une origine différente: modèle et fauteuil sont issus de l'atelier de l'artiste, alors que fragments de troncs et touffes d'herbe font partie d'un paysage aux dimensions infinies. Matisse les réunit ici en une nouvelle symbiose, en créant des analogies de texture et de motifs: le sous-bois, qui interdit toute vue étendue, se voit conférer l'aspect d'un tapis qui le rapproche de l'ensemble couverture-figure-fauteuil.

L'artiste peint avec son crayon, obtenant les effets picturaux de la couleur non seulement par les différentes intensités de son trait, mais aussi par l'élaboration d'un pattern qui, tout en modifiant la fonction des objets et en créant d'autres relations picturales, n'en préserve pas moins leur identité. On perçoit ici les premiers signes du difficile équilibre entre abstraction et figuration, détournement des objets et fidélité à la nature.

35
1922 – Lithographie – Pl. 36 – 41 × 51,5 cm – 3 épreuves d'essai, 10 épreuves d'artiste, 50 épreuves numérotées, signées, sur Chine – Duthuit n° 425 – Collection particulière

LE JOUR
LA NUIT

Malgré son étude intensive des demi-teintes et effets picturaux offerts par la lithographie, Matisse revenait sans cesse au dessin linéaire, considéré par lui comme un repère dans sa création artistique. Il devient ici un moyen élémentaire au service de l'artiste qui tente de saisir les volumes et formes plastiques de son modèle. La puissance et les qualités sculpturales du corps d'Henriette, ainsi que l'étude approfondie de la représentation de la figure dans l'espace conduisirent à nouveau Matisse à se rapprocher des modèles classiques offerts par la statuaire grecque, mais surtout par Michel-Ange. En effet, Matisse travaillait principalement dans son atelier, mais gardait contact avec l'Ecole des Beaux-Arts de Nice. Son ami Paul Audra, qu'il avait connu à l'atelier de Gustave Moreau, y était maintenant administrateur et l'aidait souvent à trouver de nouveaux modèles. Matisse y découvrit des moulages de maîtres anciens et s'en fit réaliser certains pour lui-même, comme l'esclave mourant de Michel-Ange. Dessiner d'après ces moulages représentait un changement bienvenu pour l'artiste, et lui permettait aussi de comparer les volumes de ses figures à ceux des œuvres achevées. De plus, la concentration qu'exigeait le travail quotidien dans son atelier, assez coupé du monde, nécessitait de temps à autre un changement de lieu ou de moyen d'expression artistique. Matisse passait donc souvent une heure à l'Ecole des Beaux-Arts: «Il y dessine librement les modèles de plâtre et fréquente le cours du sculpteur Combier. Quelques modelages datant de cette époque seront coulés en bronze et conservés.»[48]

Matisse s'intéressa plus particulièrement au tombeau des Médicis de Michel-Ange, comme en témoignent le titre des deux lithographies et les poses des modèles. Les sculptures de Michel-Ange conquièrent l'espace par des torsions expressives et baroques. Pourtant, Matisse semble s'être moins intéressé au rapport figure-espace qu'au rythme des masses formées par les membres, ici d'abord en éveil, puis au repos. Pour parvenir à exprimer le jeu subtil des différentes parties du corps, il simplifia la pose et suivit par des contours d'une grande sensibilité la substance et l'essence même du corps immobilisé dans chacune des deux attitudes. *Le Jour*, par la position assise qui le symbolise, témoigne d'une certaine tension de la figure et d'un certain dynamisme de la ligne, alors que *La Nuit* inspira à l'artiste des formes plus détendues et relâchées. Pourtant, ces deux poses ne diffèrent que très légèrement quant à leur axe central et leur point d'équilibre. Matisse ne disait-il pas autrefois aux élèves de sa propre académie: «Il est une grande aide de sentir un axe central dans la direction du mouvement général du corps, et de construire autour. [...] Si l'on conçoit un œuf en tant que forme, une faille ne l'affectera pas; mais s'il est conçu en tant que contour, il en souffrira certainement. [...] Commencez par dessiner vos grandes masses. Il peut être nécessaire d'exagérer les lignes entre l'abdomen et la cuisse pour raffermir une pose debout.» Matisse trouva dans les modèles classiques ces «axes centraux», ces points fixes à partir desquels s'élaborent les forces dynamiques, ces volumes enfin qui se construisent, s'enflant et s'amenuisant tour à tour. C'est de ces modèles qu'il s'inspira pour donner à ses propres créations à la fois stabilité et dynamisme.

36 I
1922 – Lithographie – Pl. 33 – 25,5 × 29 cm – 1 épreuve d'état, 4 épreuves d'essai, 10 épreuves d'artiste, 50 épreuves numérotées, signées sur la pierre, sur Japon – Duthuit n° 419 – Bibliothèque nationale, Paris

36 II
1922 – Lithographie – Pl. 32 – 25 × 29,5 cm – 2 épreuves d'essai, 10 épreuves d'artiste, 50 épreuves numérotées, signées, sur Japon – Duthuit n° 418 – Bibliothèque nationale, Paris

I

II

NU ASSIS DANS UN FAUTEUIL, UNE JAMBE REPLIÉE

La position assise du modèle «endormi» est loin d'évoquer, par sa complexité, l'attitude d'abandon caractéristique du sommeil. Malgré ses yeux fermés et ses membres immobiles, la figure témoigne d'une participation intérieure active. En effet, les modèles de l'artiste ne dorment pas et leur attitude trahit toujours vigilance et tension intérieure. Le peintre exigeait non seulement de lui-même une concentration totale, mais il demandait aussi la participation active du modèle, qui devait s'investir de tout son corps et conserver parfois des positions et mouvements inconfortables pour répondre aux idées artistiques de Matisse. «Quand je prends un nouveau modèle, c'est dans son abandon au repos que je devine la pose qui lui convient et dont je me rends esclave. Je garde ces jeunes filles souvent plusieurs années, jusqu'à épuisement d'intérêt. Mes signes plastiques expriment probablement leur état d'âme (mot que je n'aime pas) auquel je m'intéresse inconsciemment ou bien à quoi? Leurs formes ne sont pas toujours parfaites, mais elles sont toujours expressives.» La «pose du repos» présentait chez Matisse des aspects très variés, car elle était souvent issue d'une suite de mouvements successifs, même s'ils ne concernaient que les bras et les jambes, le torse, lui, restant immobile.

Matisse fixa ici un instant de détente physique du modèle pendant une pause, et n'ajouta qu'après coup les contours du fauteuil, comme le montre l'absence de chevauchement des lignes. Ce fauteuil massif, aux formes arrondies, était l'un des accessoires utilisés alors par l'artiste dans ses tableaux d'intérieurs, et on le retrouve dans de nombreuses œuvres du début de la période niçoise. Ses courbes généreuses en font le complément et le cadre idéal des figures assises. Il semble que Matisse ait trouvé exactement le fauteuil dont il rêvait en 1908: «Ce que je rêve, c'est un art d'équilibre, de pureté, de tranquillité, sans sujet inquiétant ou préoccupant, qui soit, pour tout travailleur cérébral, pour l'homme d'affaires aussi bien que pour l'artiste des lettres, par exemple, un lénifiant, un calmant cérébral, quelque chose d'analogue à un bon fauteuil qui le délasse de ses fatigues physiques.» Les objets simples de la vie quotidienne se métamorphosent dans ses tableaux en éléments picturaux dont le jeu des lignes accompagne la figure, rivalisant avec elle ou la mettant au contraire en valeur. «L'intérêt émotif qu'elles [les figures] m'inspirent ne se voit pas spécialement sur la représentation de leur corps, mais souvent par des lignes ou des valeurs spéciales qui sont répandues sur toute la toile ou sur le papier et en forment son orchestration, son architecture.» Matisse abordait ici encore une nouvelle orchestration de la figure et de l'objet.

37
1922 – Lithographie – Pl. 30 – 39 × 25 cm – 1 épreuve d'essai, 10 épreuves d'artiste, 50 épreuves numérotées, signées, sur Japon – Duthuit n° 420 – Collection particulière

Henri-Matisse 13/50

INTÉRIEUR, LA LECTURE

Parmi toutes les lithographies des années vingt, celle-ci présente l'une des compositions les plus picturales. La représentation de la figure est ici subordonnée à la description de la portion de pièce étonnamment grande qui lui sert de cadre. La conception du modèle assis (Henriette), ainsi que la texture de son vêtement témoignent d'un traitement analogue à celui des objets environnants. La figure devient ici composante ornementale qui s'intègre dans tout un ensemble pictural.

On retrouve tous les éléments de cette composition dans la peinture du début des années vingt. Il s'agit ici de l'appartement situé au troisième étage sur la place Charles-Félix, avec vue sur le quai et la mer. «L'appartement du troisième étage avait des fenêtres de dimensions ordinaires placées à la hauteur de la taille. [...] Il y avait deux ateliers principaux sur le devant, du côté de la mer. Le plus grand, avec deux fenêtres et une cheminée, servait de studio principal de peinture et de dessin. [...] Il [Matisse] pouvait regarder au-dehors, plaçant ses femmes ou ses natures mortes près des fenêtres [...], vers la ligne basse des maisons sur le quai des Etats-Unis entre son immeuble et la plage.»[49]

Matisse semblait peu se soucier des proportions et de la perspective: en effet, si la figure et le fauteuil ne correspondent pas aux dimensions de la pièce, les objets et le cadre sont la représentation assez exacte de l'aménagement intérieur de l'appartement. Matisse donne l'impression d'avoir voulu tout d'abord se familiariser avec son environnement, avant de se risquer à des interprétations plus libres. On retrouve certains des éléments décoratifs dans les œuvres réalisées entre l'automne 1921 et 1923, c'est-à-dire au début de l'installation de Matisse place Charles-Félix. On pense ici par exemple au tapis aux motifs rouge-bleu-or étendu au-dessous de la fenêtre, à la jupe aux carreaux noirs d'Henriette, aux rideaux transparents, ou encore au paravent aux fleurs roses et feuilles vertes sur fond clair. Une variante de cette composition, vue sous un angle légèrement décalé, *Woman in an Interior at Nice* (1921/1922), se trouve aujourd'hui à la Barnes Foundation à Merion. Il est probable que ce tableau est légèrement postérieur à la gravure qui se situerait vers 1922.

Matisse éclaire la pièce par la lumière oblique qui, réfléchie par le volet, se répand sur les différents objets. Pourtant, il n'aspire pas à créer un éclairage réaliste, avec ombres et effets de perspective, mais, recherchant les tonalités dégagées par les objets eux-mêmes, il les traduit en de subtiles nuances de noir et blanc. Il obtient ainsi une lueur étonnante, presque irréelle. Matisse était en effet un obser-

vateur attentif et rigoureux des effets de couleurs et de lumière: «Je copie la nature, et je m'efforce même de mettre les heures dans mes toiles. Celle-ci fut peinte le matin, celle-là à la fin de l'après-midi.»

38
1925 – Lithographie – Pl. 65 – 27,2 × 19 cm – 6 épreuves d'essai dont 3 sur Japon, 10 épreuves d'artiste, 50 épreuves numérotées, signées, sur Chine – Duthuit n° 457 – Bibliothèque nationale, Paris

Henri-Matisse 16/50

FIGURE DANS UN INTÉRIEUR

Au début de l'année 1929, un visiteur s'introduisit dans l'atelier de Matisse pour réaliser une sorte de reportage intitulé *La Vie mondaine sur la Riviera et en Italie* et destiné sans doute à paraître sous forme de feuilleton. Il nota: «Au dernier palier de l'escalier de pierre aux murs peints à fresque, une carte au-dessus du bouton électrique: M. Matisse. Sonnez deux coups.

»Une antichambre au bout de laquelle s'ouvre une fenêtre sur la mer. A droite, une pièce carrée à deux fenêtres, à rideaux de tulle ‹point d'esprit›. Entre les fenêtres un meuble de pâtissier ou de modiste à glaces ovales sur les panneaux de laqué blanc, posé sur du carrelage rouge. Sur la cheminée, un Esclave de Michel-Ange en plâtre, des oranges, une cage d'oiseau, un phonographe à pavillon rose et gaufré que Matisse fait marcher pendant qu'il peint. Au mur, un papier quelconque de chambre de bonne; par terre, un tabouret arabe, des caisses. Et barrant la pièce au-dessus des fameux paravents de papier découpé, style mouquère, qu'il peignit si souvent, un fil de fer pour la lampe à pétrole, la ‹lampe baladeuse›, coiffée d'une carcasse d'abat-jour. Derrière le paravent un modèle nettoie les pinceaux sur un cube de savon de Marseille. Là-bas est accroché le violon, entre les dernières toiles, des natures mortes. Matisse peint près de sa fenêtre. Il est vêtu d'un chandail grège. Devant ses yeux écarquillés, des lunettes cerclées d'or. A ce moment, il fixe au mur, avec des punaises, quelques chiffons qui, agités au soleil, deviendront de précieuses taches: – La lumière nettoie tout, dit-il, en désignant n'importe quel coin poussiéreux de la ville scintillante sous le ciel.»[50]

Cette lithographie représente une partie de l'appartement décrit ici, thème rare dans l'œuvre gravé de l'artiste. Elle se situe en étroite relation avec les tableaux *Intérieur au phonographe* (1924) et *Intérieur, fleurs et perruches* (1924), dans lesquels on reconnaît beaucoup des éléments évoqués plus haut. Il ne faudrait pas croire, au regard des gravures et lithographies des années vingt, que cette période fut uniquement consacrée aux odalisques. En effet, il paraît évident dans notre exemple que la figure ne joue qu'un rôle d'objet au sein de la composition, devenant partie d'une architecture picturale élaborée à partir de surfaces et de motifs, qui créent ensemble des effets de profondeur. Ce sont ces problèmes d'espace qui retiennent ici toute l'attention de l'artiste.

39
1925 – Lithographie – Pl. 60 – 47,9 × 32 cm – 4 épreuves d'essai sur Japon et sur Chine, 10 épreuves d'artiste, 50 épreuves numérotées, signées, sur Japon – Duthuit n° 452 – Collection particulière

37/50   Henri · Matisse

NU AU COUSSIN BLEU (I)

Le titre de cette lithographie et de la suivante (deux états d'une même composition) provient du tableau du même nom, *Nu au coussin bleu* (1924), bien que le coussin n'apparaisse pas ici. Cet élément fut sans doute rajouté sur la toile pour de simples considérations picturales.

Toute l'attention du peintre se concentre ici sur la beauté du corps sculptural d'Henriette. Ce modèle, assis dans un fauteuil, en épouse les formes par une position sensuelle qui dépasse par sa puissance et sa force expressive les interprétations antérieures de ce même thème. Cette pose aux bras croisés au-dessus de la tête, souvent reprise, permet de dégager l'ensemble du corps, qui apparaît alors dans toute sa pureté, tel un torse grec. Les seins soulevés et affermis par cette position se rapprochent de l'idéal classique. Matisse possédait en effet un moulage de torse grec qu'il avait tous les jours sous les yeux et qui lui servait de modèle. Les bras levés apportent en outre une correction naturelle tout en créant les conditions idéales pour une approche plastique des formes du corps. La position baroque des jambes, qui se détachent du corps par la flexion fortement marquée des genoux, rappelle *Le Jour* et *La Nuit* (ill. 36), références directes aux œuvres de Michel-Ange. Dès 1918, Matisse écrivait à son ami Camoin: «J'étudie avec le Laurent de Médicis de Michel-Ange: j'espère de mettre en moi la conception claire et complexe de la construction de Michel-Ange.»[51]

Durant cette période, parallèlement à la représentation de la figure en peinture, Matisse s'intéressa à la sculpture, cherchant à résoudre les différents problèmes plastiques par l'étude des œuvres de Michel-Ange et plus particulièrement, dans notre contexte, par celle des figures allégoriques l'*Aurore* et la *Nuit* qui ornaient le tombeau de Julien de Médicis dans la chapelle Médicis de San Lorenzo à Florence. La lithographie présentée ici a été réalisée dans le même esprit, mais il importe peu de savoir si les sculptures de Michel-Ange ont eu une influence directe ou indirecte sur la position assise du modèle. La pose devient ici le thème central de la composition et témoigne, jusque dans la musculature du modèle, des profondes connaissances que Matisse avait des arts plastiques. L'artiste se préoccupe moins de l'environnement et de la lumière qui enveloppe le nu, que des volumes, des masses et du dynamisme intérieur de la figure, sensible à la fois dans le traitement des contours externes et dans la masse même du modèle. Déjà Matisse conseillait à ses élèves: «Donnez aux éléments l'arrondi de leur forme, comme en sculpture. Cherchez-en le volume et la plénitude, que leurs contours doivent rendre. [...] Un dessin est une sculpture, mais il a l'avantage de pouvoir être regardé d'assez près pour que l'on y discerne des suggestions de forme que la sculpture, faite pour porter à distance, doit exprimer beaucoup plus catégoriquement.»

40
1924 – Lithographie – Pl. 55 – 61,5 × 47,5 cm – 2 épreuves d'état, 5 épreuves d'essai, 10 épreuves d'artiste, 50 épreuves numérotées, signées, sur vélin d'Arches – Duthuit n° 442 – Collection particulière

NU AU COUSSIN BLEU (II), À CÔTÉ D'UNE CHEMINÉE

La version retravaillée de la lithographie précédente développe encore cette approche plastique du corps et cette recherche du modelé qui préoccupaient Matisse. Elle est en étroite corrélation avec le bronze *Grand Nu assis*, achevé en 1925. Matisse dessinait à faible distance de son modèle, lui conférant ainsi cette monumentalité si étonnante et saisissante. Si Matisse s'était autrefois davantage intéressé aux surfaces et aux contours, ainsi qu'aux effets de lumière, il fait montre désormais d'une curiosité presque scientifique à l'égard de la masse, de son poids et de sa fonction. Michel-Ange lui fournit des éléments précieux par les torsions extrêmes et baroques de ses figures, et par leur dynamisme intérieur. La connaissance de ces œuvres se manifeste chez Matisse par la vibration des ombres et des lumières qui ne répondent pas à un éclairage homogène mais cherchent à traduire la valeur plastique même des choses.

Ce deuxième état de la lithographie en est le témoin manifeste. Les contrastes du clair-obscur sont ici accrus et donnent l'impression d'une scintillante et presque aveuglante luminosité qui augmente encore le rayonnement sensuel de ce corps. Bien que l'attitude reste la même, le modèle semble ici relativement tendu et actif, se rapprochant, par son subtil équilibre entre position couchée et assise, davantage du *Jour* que de la *Nuit*. L'artiste insiste sur l'effet pictural de la composition, fournissant au cadre des éléments précis, tels que la cheminée à l'arrière-plan et le délicat motif de l'étoffe qui drape le fauteuil. Il s'agit là de détails empruntés à la peinture qui révèlent le sens aigu de l'artiste pour les propriétés formelles et matérielles des choses. Matisse confère à son modèle, surtout au niveau du torse, une plasticité extrême qui, reprise par le fauteuil, donne une illusion de profondeur. En revanche, l'aspect géométrique et plat de la cheminée contre cette recherche de perspective et ramène l'ensemble de la composition sur un seul plan. Ce jeu subtil des forces en présence empêche de saisir la scène dans sa totalité et incite le regard à revenir et à se concentrer sans cesse sur le torse du modèle.

Cette impression se trouve encore confirmée par le traitement sommaire des extrémités des membres. «Le peintre de grande composition, porté par le mouvement de son tableau, ne peut pas s'arrêter au détail», répondra le maître à son ami Louis Aragon, ajoutant en 1935 au cours d'un entretien avec Tériade: «Ce qui est significatif, c'est la relation de l'objet à l'artiste, à sa personnalité, et son pouvoir d'arranger ses sensations et ses émotions.» Les sentiments de l'artiste vis-à-vis de l'objet, traduits dans la composition, sont la condition et le principe même d'un art spontané et libéré de toute formule ou de tout maniérisme. Matisse l'avait appris de Michel-Ange, mais aussi de Courbet, de Cézanne et du vieux maître Renoir qu'il était souvent allé voir de Nice.

41
1925 – Lithographie – Pl. 63 – 63,5 × 48 cm – 1 épreuve d'essai, 10 épreuves d'artiste, 50 épreuves numérotées, signées, sur vélin d'Arches – Duthuit nº 454 – The Baltimore Museum of Art (collection Cone), Baltimore

GRANDE ODALISQUE À LA CULOTTE BAYADÈRE

«Pour aboutir à une traduction directe et pure de l'émotion, il faut posséder intimement tous les moyens, avoir éprouvé leur réelle efficacité.» Matisse utilisait désormais toutes les possibilités de son art en noir et blanc. Il intensifie ici le contraste du clair-obscur jusqu'aux limites du supportable, obtenant avec le crayon lithographique une remarquable profondeur de ses tonalités de noir. Des procédés comme le changement de papier (passage du «vélin d'Arches» au papier Chine) contribuèrent aussi à donner à cette composition cet aspect pictural si différent des exemples précédents. Son expérience des divers matériaux conduisit Matisse à exploiter plus encore la palette offerte du noir le plus profond au blanc le plus lumineux, et à jouer davantage encore avec l'effet obtenu. C'est ainsi qu'il réalisa cette planche unique, actuellement la lithographie la plus recherchée et la plus chère, qui est aussi un exemple parfait de l'image de l'odalisque, symbole d'oisiveté, de luxe, d'éclat et de sensualité, telle qu'avaient su la rendre Ingres ou Delacroix.

Les formes sculpturales d'Henriette apparaissent moins ici; c'est en effet la culotte orientale avec son puissant motif rayé qui attire le regard et fait paraître délicat le torse dénudé. Cette impression se trouve confirmée par le fin motif de fleurs et de rinceaux du fauteuil qui, par sa frontalité, agit comme un cadre ou une mandorle d'icône, opposant sa clarté à l'obscurité du fond. Cette composition nous rappelle les premiers tableaux d'odalisques réalisés d'après Lorette durant la Première Guerre mondiale. L'ensemble modèle-fauteuil se détachant aussi sur un fond sombre uniforme donne une impression de puissance, bien que traité sans perspective.

Matisse a toujours su s'aider des modèles anciens. «Je n'ai, pour ma part, jamais évité l'influence des autres, j'aurais considéré cela comme lâcheté et un manque de sincérité vis-à-vis de moi-même. Je crois que la personnalité de l'artiste s'affirme par les luttes qu'il a subies. Il faudrait être bien niais pour ne pas regarder dans quel sens travaillent les autres.» Matisse s'est toujours laissé guider par les grands maîtres, qu'il s'agisse dans ce contexte de Manet, Courbet ou Rembrandt: «La peinture de Rembrandt est une peinture de profondeur», avait-il très vite constaté.

Malgré la chaleur et la profondeur émanant des effets picturaux du noir, ce portrait du modèle est étonnamment froid. Sa passivité et son relâchement renforcent encore cette impression et empêchent une identification émotionnelle totale. Le regard se trouve volontairement entraîné par l'éclat des objets et de la matière, et détourné de la personnalité même de la figure. L'artiste n'hésita pas d'ailleurs à supprimer froidement dans sa composition une partie du pied qui n'aurait fait que corrompre l'équilibre de l'ensemble. Nous avons ainsi sous les yeux une figure à la fois distante et attirante qui n'est ni tout à fait la personnification d'une idole intemporelle, ni tout à fait la représentation fidèle d'une individualité.

42
1925 – Lithographie – Pl. 64 – 54,5 × 44 cm – 1 épreuve d'état, 3 épreuves d'essai dont une sur Arches, 10 épreuves d'artiste, 50 épreuves numérotées, signées, sur Chine – Duthuit n° 455 – Collection E.W.K., Berne

NU, JAMBE REPLIÉE, ÉTUDE DE JAMBES
ETUDE DE JAMBE

Parallèlement aux dessins à la craie ou au crayon, travaillés comme de véritables compositions picturales, Matisse s'adonnait aussi au dessin au trait. Ce procédé beaucoup plus rapide lui permettait généralement de fixer des idées suscitées par certains mouvements de ses modèles. Matisse définissait ainsi ce moyen d'expression artistique: «Dessiner, c'est préciser une idée. Le dessin est la précision de la pensée.»

Les dessins au trait donnent une impression de spontanéité; pourtant celle-ci s'accompagnait toujours chez l'artiste d'une certaine réflexion, car c'est une image personnelle de l'objet, présente déjà en lui, qu'il transposait sur le papier. C'est ainsi qu'il pouvait donner libre cours à sa puissante créativité. Cette spontanéité qui frappe l'observateur provient à la fois des déformations expressives dont témoignent ses compositions, des corrections apportées tout naturellement par l'artiste, mais aussi du côté fragmentaire de certains dessins. Ils font en effet penser à des études rapides, étapes préliminaires à l'élaboration d'un tableau. Pourtant, ils restent souvent indépendants de toute réalisation ultérieure, comme Waldemar George, contemporain de Matisse, l'avait constaté dans son ouvrage paru en 1925: «...les dessins de Matisse sont des dessins de peintre. Mais la plupart d'entre eux ne représentent pas, à proprement parler, des projets de tableaux. Si l'artiste en a tiré parti, il les a modifiés par la suite, selon les exigences du rythme de sa couleur.»[52]

Bien que, dans les années vingt, le dessin ait été étroitement lié à la peinture et à la sculpture, reflétant les problèmes relatifs à ces deux formes d'art, il représentait pourtant aux yeux de Matisse un monde à part, régi par ses propres lois. Le dessin à la craie lui permettait d'intensifier les aspects réalistes et de rester parfois extrêmement fidèle à la structure, à la matière et à l'aspect d'un objet. En effet, il aurait été difficile en peinture d'atteindre à un tel degré de réalisme sans glisser dans le mauvais goût ou le grotesque. Le dessin rapide au trait évitait ce danger. Pour Matisse, pourtant, il représentait avant tout une technique lui permettant de rendre avec virtuosité les positions de ses modèles et leurs variantes les plus diverses. Le rythme de ces mouvements lui faisait découvrir l'espace conquis par les différentes parties du corps. Il existe six versions de ces études de jambes, qui placées bout à bout suggèrent la séquence d'un film. Ces esquisses se rattachent aux études de nus de 1906 et 1913; elles tentent de définir des contours qui traduisent à la fois la silhouette et le mouvement. L'étude de jambes se situe au début d'une importante série de variantes qui conduisirent à la réalisation du fameux *Nu rose* (1935; Baltimore Museum of Art). Les vingt-deux états,

photographiés et archivés, nous révèlent le lent et souvent laborieux travail d'élaboration d'un tableau. On rencontre très rarement, dans l'œuvre gravé de Matisse, plusieurs états d'une même composition; en revanche, certains motifs ont donné lieu à de nombreuses variantes. Matisse se concentrait en effet de plus en plus sur des thèmes isolés dont il étudiait les infinies variations.

43 I
1925 – Lithographie – Pl. 68 – 29 × 54 cm – 5 épreuves d'essai, 5 épreuves d'artiste, 25 épreuves numérotées, signées, sur Japon – Duthuit n° 463 – Bibliothèque nationale, Paris

43 II
1925 – Lithographie – Pl. 71 – 25 × 50 cm – 4 épreuves d'essai, 10 épreuves d'artiste, 50 épreuves numérotées, signées, sur Japon – Duthuit n° 460 – Collection particulière

I

II

FEMME AU COLLIER

Le thème des odalisques des années vingt valut à Matisse l'attention d'un large public, attention à laquelle ne sont pas étrangères les nombreuses expositions qui se succédèrent après la Première Guerre mondiale. En effet, depuis 1919, Matisse présentait ses œuvres presque tous les ans à la Galerie Bernheim-Jeune, 83 rue du Faubourg-Saint-Honoré à Paris. Depuis 1909, il était lié à cette galerie par un contrat qu'il honora jusqu'en 1926. Si, dans la première moitié des années vingt, c'est la peinture qui dominait ces expositions, cette tendance se renversa ensuite au profit des dessins et estampes. Ainsi, on put voir des dessins en 1925, puis une importante série de gravures en 1927 à Paris (Galerie Bernheim-Jeune) et en 1928 à Londres (Leicester Galleries). Les œuvres d'artistes reconnus rencontraient une demande accrue dans le monde entier. L'Amérique occupait dans ce domaine la première position. «Un grand désir des ‹choses de l'art› se propage aux Etats-Unis; jusque dans de très petites villes, on trouve maintenant de fort belles galeries. [...] On y fait de magnifiques efforts pour populariser l'art. Les générations qui montent seront plus artistes que celle du temps présent. [...] Il y a aussi ce que l'on appelle parfois une ‹atmosphère d'art› aux Etats-Unis», remarquait-on déjà en 1922 à Paris[53]. En 1930 on tenta d'expliquer ce phénomène: «Les amateurs américains n'auraient pas réussi aussi bien, dans ces dernières années, à réunir tant de trésors, si les troubles politiques, économiques et financiers de l'après-guerre n'avaient pas provoqué la dispersion de quelques-unes des grandes collections anglaises et de la plupart des collections allemandes et françaises.»[54]

Tout un réseau de galeries nouvelles et de jeunes marchands d'art se créa à Paris, mais aussi à Londres, en Allemagne, dans le reste de l'Angleterre et aux Etats-Unis. Les tableaux se vendaient vite et bien. Les œuvres de Matisse atteignaient des prix records et se trouvèrent dispersées dans le monde entier, changeant souvent de mains pour la deuxième fois déjà. Après la mort de Renoir en 1919, et celle de Monet en 1926, Matisse fit partie des artistes vivants les plus recherchés, avant que Picasso ne lui conteste son rang à la fin des années trente. Les premières reconnaissances officielles atteignirent l'artiste: il fut nommé chevalier de la Légion d'Honneur en 1925 et se vit décerner en 1927 le premier prix du Carnegie Institute de Pittsburgh pour sa *Nature morte au bocal de fruits* (1925). Des écrivains commencèrent à écrire sur Matisse, tels Elie Faure, Jules Romains, Charles Vildrac, Léon Werth (Paris, 1920), auxquels vinrent s'ajouter le collectionneur et politicien Marcel Sembat (Paris, 1920), Florent Fels (Paris, 1929), Roland Schacht (Dresde,

1922), Adolph Basler (Leipzig, 1924), Henry McBride (New York, 1930) et de nombreux rédacteurs d'articles de journaux.

En 1920 parut le premier album de dessins rassemblés par l'artiste lui-même, suivi en 1925 d'un nouveau recueil. Le tirage des lithographies dans les ateliers de Clot et Duchâtel permit à un plus large public de faire l'acquisition d'une œuvre de Matisse. Il faut noter d'ailleurs que l'augmentation de la production graphique à cette époque correspondait à une demande croissante qui mit fin, à partir de 1922, à la longue interruption que Matisse avait marquée dans cet art.

44
1925 – Lithographie – Pl. 74 – 51,5 × 39,5 cm – 4 épreuves d'essai, 10 épreuves d'artiste, 50 épreuves numérotées, signées, sur Japon – Duthuit n° 467 – Collection particulière

NU ASSIS À LA CHEMISE DE TULLE

Le modèle (Henriette) n'est pas assis dans un large fauteuil comme habituellement, mais par terre. Les formes rondes de son corps, exposées aux puissantes lignes géométriques du fond, créent une composition simple et nette. Matisse s'était libéré du portrait au fauteuil et commençait à explorer le motif du modèle assis sur le sol. Il a conservé pour l'essentiel la position des genoux si caractéristique de son modèle, mais il a donné à la scène un caractère plus pictural et nuancé. L'intérieur est défini par une ligne au sol qui sépare le tapis du motif rayé du mur. C'est une pièce sans profondeur et sans accessoires, mais qui donne l'impression d'une étonnante présence par le seul contraste offert par le rigoureux décor. La pose du modèle suit le rythme formel des motifs horizontaux et verticaux. Le rôle de «partenaire» du modèle, joué autrefois par le fauteuil, est ici attribué au motif des puissantes bandes claires et foncées qui créent encore un nouveau rapport entre le corps et son cadre, le modèle et l'intérieur. Cette lithographie apparaît ainsi comme l'annonce de l'étonnante *Figure décorative sur fond ornemental* (1925/1926; Paris, Musée national d'Art moderne, Centre Georges-Pompidou), réalisée dans la deuxième moitié des années vingt. Il s'agit là du tableau qui résume de la façon la plus rigoureuse les conceptions que Matisse exprimait dès 1908 en ces termes: «La composition est l'art d'arranger de manière décorative les divers éléments dont le peintre dispose pour exprimer ses sentiments. Dans un tableau, chaque partie sera visible et viendra jouer le rôle qui lui revient, principal ou secondaire. Tout ce qui n'a pas d'utilité dans le tableau est, par là même, nuisible. Une œuvre comporte une harmonie d'ensemble: tout détail superflu prendrait, dans l'esprit du spectateur, la place d'un autre détail essentiel.»

Les nus étaient par ailleurs à la mode et apparaissaient de plus en plus dans l'art de la photo. Alors qu'au tournant du siècle, les nus reproduits dans des revues spécialisées telles *Etude académique* ou *Mes modèles* étaient surtout destinés à aider l'artiste dans l'élaboration de ses œuvres et lui évitaient en partie de payer un modèle professionnel, ils donnèrent lieu peu à peu à de véritables photos d'art qui firent la renommée de leurs auteurs. On pense par exemple ici aux photos de Kiki de Montparnasse prises par Man Ray (1922). C'est lui aussi qui s'introduisit dans l'atelier de Matisse, nous laissant des photos d'Henriette et de l'artiste.

Matisse n'était pas un photographe, il travaillait d'après nature, tout en reconnaissant l'aide qu'apportait ce moyen d'expression artistique: «La photographie a beaucoup dérangé l'imagination parce qu'on a vu les choses en dehors du sentiment. Quand j'ai voulu me débarrasser de toutes les influences qui empêchent de voir la nature d'une façon personnelle, j'ai copié des photographies», ajoutant encore: «J'ai copié des photographies en m'efforçant de faire le plus ressemblant possible, une image aussi ressemblante que possible. Je limitais ainsi le champ des erreurs.»

45
1925 – Lithographie – Pl. 69 – 36,8 × 27,9 cm – 7 épreuves d'état, 1 épreuve d'essai, 10 épreuves d'artiste, 50 épreuves numérotées, signées, sur Chine – Duthuit n° 465 – Collection particulière

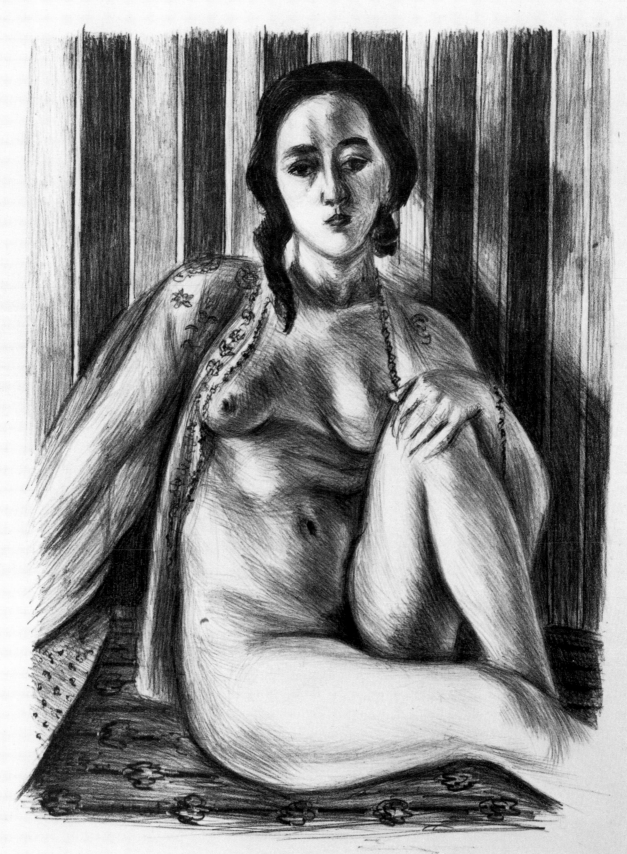

Henri Matisse 35/50

ARABESQUE

Le mot «arabesque» servit souvent à caractériser l'œuvre de Matisse. Il décrit les ornements et éléments décoratifs en forme de rinceaux qui jalonnent ses différentes créations. Matisse utilisait aussi sans cesse ce terme, lié pour lui à ce sens profond du décor qui lui avait été donné dès son plus jeune âge. Pierre Schneider souligne en effet que l'activité de ses deux parents se rattachait à l'origine au monde des textiles («vendeur dans un magasin de textiles», «modiste»): «Dès son enfance, à Bohain-en-Vermandois, petite localité située entre le Cateau et Saint-Quentin, Henri Matisse avait pu se familiariser avec le langage des étoffes. Comme dans la plupart des villages de la région, les habitants, pris par les travaux des champs durant la belle saison, tissaient pendant l'hiver pour les grosses maisons parisiennes. ‹On faisait des châles des Indes – racontera-t-il – c'était l'époque où l'on portait, comme dans de vieux tableaux flamands, les châles sur le dos, ornés de palmettes et brodés de franges.› Dans les celliers qu'emplissaient les métiers, on tissait aussi des couvertures, du plumetis, des articles de Lyon, des étoffes brodées.»[55]

Lorsque Matisse se rendit pour la première fois à Biskra (Algérie) en 1906, il se plut au spectacle des objets orientaux et remporta chez lui tissus, tapis et céramiques. Matisse aimait à s'entourer d'objets et d'étoffes bariolées et parfois précieuses. Ce sont eux qui, par leurs formes souvent expressives, leurs couleurs éclatantes et leurs motifs à la fois riches et variés, éveillaient en Matisse de nouvelles inspirations qu'il traduisait ensuite dans ses œuvres. Les pièces de son atelier devaient parfois s'apparenter à de véritables décors de théâtre. Il avait coutume de suspendre ses tissus sur une haute structure en forme d'échafaudage. Ils lui servaient ainsi de nouveau décor mural, de nouvelle délimitation de son intérieur, tout en enrichissant ses tableaux d'éléments essentiels. Ses œuvres des années vingt sont marquées par toute une série d'étoffes décoratives de ce genre qui témoignent en outre de la prédilection de l'artiste pour les motifs floraux. Ceux-ci s'étendent de plus en plus, occupant des surfaces toujours plus larges, jusqu'à donner l'impression de dépasser les limites de la composition, de devenir des éléments indépendants, des arabesques envahissant toiles et feuilles comme dans la lithographie présentée ici. La scène – le modèle assis dans un fauteuil – paraît rapprochée par un effet de zoom, le fin tissu du fond, animé d'oiseaux, semble se trouver sur le même plan que la housse fleurie du fauteuil, que nous connaissons par d'autres compositions, et la blouse brodée du modèle. Le motif cachemire du vêtement donne l'impression d'être détaché du corps, libéré, et seule une analyse attentive permet de déceler les rondeurs des seins et les formes du corps d'Henriette. Modèle, objets et motifs sont ramenés sur un seul plan homogène, surface envahie de rinceaux et de courbes. Seuls la tête et les bras témoignent encore d'une certaine présence plastique.

46
1924 – Lithographie – Pl. 58 – 48,3 × 32 cm – 8 épreuves d'essai, 10 épreuves d'artiste, 50 épreuves numérotées, signées, sur Chine – Duthuit n° 449 – Bibliothèque nationale, Paris

9/50   Henri-Matisse

NU RENVERSÉ AU BRASERO

L'arabesque a désormais entièrement conquis la figure. Tel un élément de décor, celle-ci s'intègre en effet harmonieusement dans l'ensemble de la composition, déterminant même par sa position inhabituelle la conception ornementale de la scène. Les objets ne sont pas ici envahis par les motifs, mais coexistent avec eux, tels des fragments de décor, formant ainsi un ensemble ornemental construit. Si l'on voulait établir un parallèle avec la peinture, on citerait à nouveau *Figure décorative sur fond ornemental* (hiver 1925/1926), ainsi que les tableaux d'odalisques couchées sur le sol avec brasero et petite table (1926/1927). Ils se situent dans le même esprit que les lithographies de 1926 (cat. Duthuit 110, 128). En émettant l'hypothèse que la planche présentée ici (ainsi que cat. Duthuit 156, 157, 147, 153, 154, 151) date de la même époque (1926/1927), c'est-à-dire est antérieure à la date généralement admise, ce qui expliquerait style et motif, on découvrirait d'intéressants parallèles entre peinture et œuvre gravé, témoins de rapports et d'échanges fructueux entre les différents moyens d'expression employés par Matisse. (Le passage aux années 1928/1929 se situerait alors à cat. Duthuit 150.) On pourrait reprendre ici les propos émis par D. Fourcade au sujet de la peinture, et plus particulièrement de *Figure décorative sur fond ornemental:* «Ce n'est pas ici le fond qui est décoratif! La figure se distingue de ce fond, mais c'est elle-même qui est décorative, le cadre est seulement ornemental. L'effet décoratif provient ici d'un volume fortement accentué. Ce n'est pas une architecture de lumière comme avant; c'est une architecture de formes, supportée par un système de lignes très fermes et structurées. L'élément décoratif, dans cette peinture, est une sculpture isolée de son environnement, séparée et distincte, une présence sans ambiguïté, détachée d'un espace qui est plus ambigu que jamais.»[56]

D'autre part, c'est manifestement Henriette qui inspira cette lithographie, établissant ainsi un lien direct avec les brillantes études de nus de 1925. Les contours charnels de ce modèle, vu pourtant dans une perspective verticale, ainsi que l'intérieur difficilement compréhensible et définissable par le nombre des fragments, forment ensemble une composition géniale, témoin de la grande connaissance qu'avait Matisse des objets, de la figure et du cadre de cette scène. Il s'agissait là sans doute de son premier appartement place Charles-Félix (1921−1927). Une comparaison évoquée par Matisse s'impose ici: «Je pense à un jongleur qui apprend à jongler avec deux balles ensuite avec 4, 5, 6, ensuite il ajoute à l'ensemble une cuillère, ensuite son chapeau. Il ne faut pas travailler avec des éléments de nature qui ne sont pas passés par le sentiment.»

47
1929 − Lithographie − Pl. 120 − 56 × 46 cm − 3 épreuves d'essai, 10 épreuves d'artiste, 50 épreuves numérotées, signées, sur vélin d'Arches − Duthuit nº 500 − Bibliothèque nationale, Paris; épreuve d'essai

LES TROIS MODÈLES

Il faut faire comme un arrêt sur l'image pour parvenir à distinguer le troisième modèle justifiant le titre de cette lithographie. Réalisée dans un grand format, celle-ci se situe en étroite relation avec la peinture, dont elle reprend les mêmes motifs: des modèles vêtus à l'orientale dans un intérieur richement décoré qui évoque les *Femmes d'Alger* (1834) de Delacroix.

Les figures, étendues ou assises sur le sol en des attitudes nonchalantes, sont entourées d'objets et d'étoffes. On reconnaît ici un élément apparaissant dans des versions à l'huile, variantes de ce même thème: le plateau oriental où sont disposés un vase de fleurs, un flacon à parfum et une assiette portant un verre d'eau et deux citrons. Le motif de l'arrière-plan, surdimensionné et fortement stylisé, présente en peinture les tonalités les plus diverses. Si l'on transposait les couleurs des toiles dans cette lithographie, le rideau relevé serait jaune d'or, la forme ronde qui évoque, à droite de la composition, un pouf marocain serait jaune aussi pour servir de pendant au rideau, aux citrons et à l'éclat du plateau de cuivre. Le sol et les vêtements affecteraient aussi des tonalités lumineuses de rouge, de bleu et de vert. En un mot, la tentative amusante de «colorier» cette lithographie de Matisse nous révèle combien l'artiste a présentes à l'esprit des idées coloristes lorsqu'il réalise ses dessins au trait. Ce sont couleurs et lumières qui conduisent le crayon sur la surface claire du papier. «Mon dessin au trait est la traduction directe et la plus pure de mon émotion. La simplification du moyen permet cela. Cependant, ces dessins sont plus complets qu'ils peuvent paraître à certains qui les assimileraient à mes sortes de croquis. Ils sont générateurs de lumière; regardés dans un jour réduit ou bien dans un éclairage indirect, ils contiennent en plus de la saveur et de la sensibilité de la ligne, la lumière et les différences de valeurs correspondant à la couleur d'une façon évidente.» En traçant ces lignes, Matisse pense plus ici en termes de taches et d'aplats qu'en termes de contours définissant des volumes. Ses modèles apparaissent comme des figurants sur la scène d'un théâtre, ils ne présentent plus ni personnalité individuelle, ni volume et poids correspondant réellement à leur corps. Sa grande expérience de la couleur, acquise après plusieurs années de confrontation avec les mêmes objets soumis à la lumière plus ou moins constante d'un intérieur, permettait désormais à l'artiste d'atteindre dans ses dessins au trait un haut degré d'abstraction.

48
1928 – Lithographie – Pl. 109 – 44 × 74,2 cm – 4 épreuves d'essai, 10 épreuves d'artiste, 50 épreuves numérotées, signées, sur Japon – Duthuit n° 495 – Bibliothèque nationale, Paris

DANSEUSES (de la série DIX DANSEUSES)

C'est en 1919/1920 que Matisse travailla pour la première fois pour les Ballets russes: il dessina les costumes et le décor du *Chant du rossignol,* ballet mis en scène d'après l'opéra de Stravinski. Il y en eut une deuxième représentation en 1925. Le contact permanent avec Diaghilev et Léonide Massine plongeait Matisse dans une atmosphère de théâtre que venait encore enrichir sa fréquentation assidue des concerts de Monte-Carlo: «[...] le vendredi après-midi [...] je me donne congé. C'est le jour des concerts de Monte-Carlo», annonçait Matisse à son ami Camoin[57]. Les organisateurs des Ballets russes de Monte-Carlo cherchaient sans cesse à gagner la participation du peintre, mais, curieusement, celui-ci n'accepta à nouveau qu'en 1939 pour le ballet *Rouge et Noir,* réalisé d'après la première Symphonie de Chostakovitch.

C'était dans les «Studios de la Victorine» que Matisse avait connu Henriette, personnification pour lui du monde de la danse. C'est en 1927 que parurent ses *Dix Danseuses,* premier et unique album de gravures qui fut édité dans les ateliers de Duchâtel à Paris, sur différentes qualités de papier (Chine, Japon et Arches). Malheureusement la chronologie de ces planches est difficile à établir, leur réalisation s'étendant sur un à deux ans. On peut tout au plus supposer que les séries de dessins au trait et d'estampes présentant des modelés en demi-teintes sont issues d'une seule et même période: Matisse avait en effet coutume d'alterner souvent conceptions réalistes et interprétations linéaires, plus libres et spontanées.

La danseuse ne danse jamais, mais engendre un mouvement par la seule succession de ses poses variées. Elle apparaît tantôt en de délicats dégradés de clair-obscur, tantôt en de simples lignes rapides, mais reste toujours enveloppée des amples ondulations du tutu. Celui-ci interrompt la continuité des lignes du corps, répand ses formes décoratives dans l'espace, tout en laissant deviner la dynamique de la danse par le mouvement souple de l'étoffe. Il ne s'agit plus ici d'une «farandole», comme dans le grand panneau de *La Danse* (1909/1910) réalisé pour le collectionneur russe Chtchoukine, mais d'attitudes de repos qui traduisent par leur élégance gracieuse le métier et l'investissement physique de la danseuse. Aussi bien le tutu que la pose se font l'écho de cette dynamique et confirment en même temps la déclaration de Matisse: «Je sens les rapports entre les choses de mon ravissement.»

49 I
1927 – Lithographie – Pl. 91 ou 99 *(Danseuse endormie au divan)* – 28 × 46 cm – 8 exemplaires sur Arches H.C., chiffrés de A à H, 5 exemplaires sur Chine, 15 exemplaires sur Japon, 130 exemplaires sur Arches – Duthuit n° 485 – Collection particulière; sur Chine

49 II
1927 – Lithographie – Pl. 97 ou 90 *(Danseuse étendue)* – 25,3 × 42 cm – Exemplaires mentionnés ci-dessus – Duthuit n° 488 – Collection particulière; sur Chine

Album tiré à 150 exemplaires, contenant chacun 10 lithographies originales, numérotées et signées sur papiers différents; édité en 1927 par la Galerie d'Art contemporain de Paris.

I

II

LE PIANISTE ALFRED CORTOT

Matisse se sentait intimement lié au monde de la musique. Il jouait lui-même du violon et reprit des cours durant la Première Guerre mondiale auprès du violoniste espagnol Juan Massia. Il aurait aussi joué plus tard avec le violoniste belge Armand Parent. Le fils de l'artiste, Pierre Matisse, se rappelle aujourd'hui encore que son père voulait aussi le vouer à cet instrument. Matisse jouait ainsi presque tous les matins, à la fois pour délier ses doigts, exercer sa concentration et ressentir un certain équilibre spirituel. Le violon, ou sa boîte, furent aussi des composantes occasionnelles de ses tableaux, tout comme le piano. Pourtant les portraits de musiciens sont rares dans l'œuvre de Matisse: on connaît celui de Juan Massia, évoqué plus haut (1914), de la violoniste et maîtresse de Munch, Eva Mudocci (1915), du violoncelliste argentin Olivares (1914) et enfin d'Alfred Cortot (1926/1927). Matisse réalisa de ce dernier des dessins (au piano) et quatre gravures (études de visages).

Dans la version présentée ici, l'artiste ne traita pas l'imposant profil du pianiste, mais préféra la solution plus délicate d'un portrait de trois quarts. Connaissant probablement ce visage aux mèches folles par des études préliminaires, il put presque atteindre ici l'abstraction d'un masque. La maîtrise dont témoigne ce portrait concis et expressif se trouve encore soulignée par une photographie du musicien datant de la même époque, qui révèle en outre l'extraordinaire sens de l'observation de l'artiste. Le regard intériorisé du pianiste, ainsi que la position de sa tête laissent supposer que Matisse en a fait le portrait pendant qu'il jouait. Jean Cortot, le fils du pianiste, confirme cette hypothèse en citant ces notes prises par son père: «25 janvier (1926), Matisse commence mon portrait, chez Maubert 120 rue d'Antibes à Cannes.» Cortot devait y étudier et Matisse, frappé par les traits marquants du pianiste, les fixa par quelques lignes rapides. Le 30 janvier de la même année, Cortot nota également un concert à Nice, suivi d'un «dîner Matisse».

Cet étonnant portrait de Cortot apparaît comme un phénomène isolé dans la grande série d'odalisques des années vingt et préfigure les nombreuses études de têtes réalisées dans les années trente et quarante.

Alfred Cortot. 1926. Photographie de Jean Cortot

50
1927 – Pointe sèche – Pl. 106 – 13,8 × 8,6 cm – 2 épreuves avec indication de tirage, 15 épreuves numérotées, signées, sur Chine appliqué – Duthuit n° 112 – Collection particulière

3/15

Henri-Matisse

LA PERSANE

A l'automne 1926, Matisse déménagea pour s'installer dans l'appartement qui occupait, avec ses vastes ateliers, le dernier étage du même immeuble de la place Charles-Félix. Après 1927, il changea aussi de modèle: «Je garde ces jeunes filles souvent plusieurs années, jusqu'à épuisement d'intérêt.» Chacun de ses modèles transportait Matisse dans un monde nouveau. Lisette, avec sa chevelure noire et sa poitrine opulente, lui inspira à nouveau des thèmes orientaux. Elle devint «persane» ou «hindoue», tantôt enveloppée d'un voile ou coiffée d'un turban, tantôt nue ou vêtue d'un simple pantalon oriental ou d'une jupe de tulle transparente, conservant toujours son caractère séducteur et sensuel. La chaise mauresque était l'un de ses attributs les plus fréquents. Si les œuvres inspirées par le modèle Henriette reflétaient la confrontation de l'artiste avec la sculpture et les figures de Michel-Ange, celles qui furent réalisées d'après Lisette évoquent davantage Ingres. Proche de l'icône par sa frontalité, de l'idole par ses charmes méridionaux, elle nous rappelle aussi des modèles antérieurs, que ce soit Lorette ou Antoinette.

Elle est enveloppée ici d'une atmosphère sensuelle et mystérieuse analogue à celle qui entoure *Madame de Senonnes* d'Ingres ou encore *La Joconde* de Léonard de Vinci. La lithographie présentée ici suit les caractéristiques essentielles d'un dessin préparatoire au crayon traité à la manière d'Ingres. Matisse a surtout travaillé la substance de la matière, l'éclat de la lumière et les effets d'ombres. Pourtant c'est paradoxalement avec un réalisme dur et froid qu'il décrit ces différents aspects sensibles. Le modèle est ici assis devant un réseau de lignes géométriques (qui ne sont autres que les faux carreaux muraux de son nouvel atelier). Matisse obtient ainsi un riche contraste entre formes rondes, souples et satinées, et simples structures géométriques qui, unies par les effets picturaux de la craie, emplissent toute la feuille et donnent sa véritable chaleur à la composition.

Matisse faisait souvent référence, dans ses écrits, à l'influence directe qu'exerçait l'Orient sur lui: «Si j'admirais d'instinct les Primitifs du Louvre et par la suite l'art oriental, en particulier à l'extraordinaire exposition de Munich [il s'agit de la grande exposition d'art islamique], c'est parce que j'ai trouvé là une nouvelle confirmation. Les miniatures persanes, par exemple, me montraient toute la possibilité de mes sensations. Je pouvais retrouver sur la nature comment elles doivent venir.» Ces impressions ressurgissaient souvent quelques années plus tard, donnant lieu à de nouvelles interprétations artistiques. La délicate courtisane du premier dessin au crayon devient dans la lithographie une sorte d'icône, un portrait puissant qui évoque pourtant encore les miniatures.

51
1929 – Lithographie – Pl. 100 – 45 × 29 cm – 8 épreuves d'état sur papiers différents, 9 épreuves sur papiers différents, 10 épreuves d'artiste, 50 épreuves numérotées et signées, sur vélin d'Arches – Duthuit n° 507 – Collection particulière

JEUNE FEMME AU BALCON, OBSERVANT DES PERRUCHES

Le dernier étage de l'immeuble place Charles-Félix possédait non seulement un grand atelier avec des fenêtres modernes descendant jusqu'au sol, mais aussi un grand balcon qui faisait tout le tour de la maison. «Cet appartement laissait entrer beaucoup plus du monde extérieur. Matisse avait maintenant une pièce particulièrement lumineuse avec une vue magnifique sur toute la Promenade des Anglais, la baie, la plus grande partie de la ville et les montagnes à l'arrière-plan. Les murs de l'atelier central étaient blancs avec un faux carrelage peint insolite. Les murs de l'atelier qui occupait l'angle de l'appartement étaient en faux marbre disposé dans des rectangles en trompe-l'œil, et il y avait des plinthes vertes dans les deux chambres.»[58] Cette luminosité redécouverte et cette vue panoramique animèrent peu à peu les tableaux de Matisse d'un esprit nouveau, et le thème de la fenêtre s'introduisit de plus en plus dans sa peinture des années trente. Pourtant les estampes évoquent rarement ce motif.

En 1929, après son importante série de lithographies, Matisse travailla l'eau-forte avec une étonnante ardeur, publiant de petits dessins au trait d'une remarquable spontanéité. La plupart, même s'ils ne le furent pas tous, furent directement exécutés sur la planche. Les informations recueillies par Jack Cowart sur les nouvelles conditions de vie de l'artiste évoquées plus haut, nous aident à identifier les motifs et intérieurs apparaissant dans la série d'eaux-fortes de 1929. Elles confirment en outre que Matisse créait toujours à partir d'une expérience visuelle.

Le modèle et la cage à oiseaux se trouvent ici sur le balcon qui donne sur la façade des Ponchettes et le quai. Cette esquisse vaporeuse semble avoir été réalisée pendant une pause du modèle, durant un moment de détente où l'artiste se sentit brusquement saisi et inspiré par le motif. Un thème d'atelier – modèle et cage – se trouve soudain transporté à l'extérieur et placé dans un nouveau contexte spatial. Ce motif, rare dans l'œuvre gravé de Matisse, fait sans doute partie de ces exemples que l'artiste décrivait ainsi: «On se met en état de création par un travail conscient. Préparer un tableau ce n'est pas travailler sur des compartiments plus ou moins arrêtés de ce tableau. Préparer son exécution c'est d'abord nourrir son sentiment par des études qui ont une certaine analogie avec le tableau, et c'est alors que le choix des éléments peut se faire. Ce sont ces études qui permettent au peintre de laisser aller l'inconscient.»

Matisse considérait ces études comme un jeu, un exercice, une nourriture artistique, un champ d'application de ses inspirations spontanées, libre de toute contrainte ou obligation directe.

52
1929 – Eau-forte – Pl. 186 – 24 × 16,8 cm – 2 épreuves d'état, 1 épreuve d'essai, 25 épreuves numérotées, signées et datées dans le cuivre, signées au crayon, sur Chine appliqué – Duthuit n° 214 – Bibliothèque nationale, Paris

NU ASSIS, FOND DE CARREAUX ÉTOILÉS

Le Bulletin de la vie artistique, revue d'art parisienne, fit paraître une note le 1er mai 1926 sur la situation sociale des modèles: «Les modèles – mais pourquoi pas adopter le vocable poseuses, qui, lui du moins, est féminin? – les modèles femmes posant pour les artistes se plaignent de la dureté des temps. Elles s'élèvent contre l'insuffisance de leur salaire [...] prenant chaque matin la pose, quatre heures durant, à l'Ecole des Beaux-Arts, touchent la maigre somme de soixante francs à la fin de la semaine? [...] Combien Paris compte-t-il de femmes posant ainsi? Quelle est l'importance de ce prolétariat spécial, si mal déterminé encore? Aucune statistique n'en existe, et il serait d'autant plus difficile d'en établir une, que le modèle irrégulier est confondu généralement avec le professionnel. Cependant, il n'est pas douteux qu'on se trouve en présence d'une collectivité féminine relativement considérable, qui tend à s'accroître en proportion de l'accroissement des ateliers et par le fait de la vogue actuelle du nu, si délaissé voici peu d'années. Or, aucun pacte légal ne réglementant ce genre de travail, nombre d'entre ces Phrynés pour artistes doivent se résigner à une existence des plus difficiles. Aussi se proposent-elles d'attirer sur leur situation ce qu'on est convenu d'appeler ‹la sollicitude des pouvoirs publics›. Qu'on éloigne de cette question toute frivolité. Elle est plus poignante qu'on ne pense. Les friquenelles sont plutôt rares parmi les poseuses de profession. L'habitude d'être nue protège plus sûrement le modèle que ne le ferait un vêtement fermé de crochets, armé d'épingles, et la familiarité des ateliers d'artistes est certainement moins périlleuse que celle des ateliers tout courts.»

On sait que les maisons closes ont souvent fourni aux jeunes artistes, ainsi qu'à Matisse, l'occasion de dessiner des nus, mais on sait aussi qu'il n'était pas rare que les peintres se regroupent entre amis pour entretenir ensemble un même modèle. L'estime croissante dont jouissaient les artistes, ainsi que l'importance de la demande internationale que rencontraient leurs œuvres, conduisirent aussi à une plus grande mise en valeur du modèle. De nombreux artistes, comme Bonnard ou Picasso, vivaient même avec leur modèle.

L'art de Matisse nécessitait de par sa nature la présence de «poseuses». Il en engagea dès après la Première Guerre mondiale. Les séances de pose comptaient parmi les moments les plus précieux de son travail, auxquels il soumettait l'ensemble du rythme de sa journée. Les enfants de l'artiste se souviennent que tout bruit et toute distraction étaient proscrits et que même les hôtes de marque étaient souvent obligés d'attendre avant d'être reçus par le maître. C'est ainsi que fut prise une photo savoureuse de Bonnard qui, contraint d'attendre avec ses amis suisses dans l'atelier de Matisse, s'étendit sur un divan dans la pose caractéristique des odalisques du peintre, au grand amusement des personnes présentes. Matisse a toujours été conscient de la signification de ses modèles pour son œuvre et il les a toujours rémunérés en conséquence, comme nous l'apprendra Lydia Delektorskaya, modèle qu'il engagera plus tard.

53
1929 – Eau-forte – Pl. 116 – 14,8 × 10,1 cm – 1 épreuve d'essai, 25 épreuves numérotées, signées, sur Chine appliqué – Duthuit n° 156 – Collection particulière

112

16/25

Henri-Matisse

FIGURE ENDORMIE SUR FOND MOUCHARABIEH

La concentration de l'artiste face à son modèle requérait toutes ses forces intellectuelles, ses sens et son instinct et admettait semble-t-il difficilement d'éventuelles distractions: «Pendant mon travail de dessins inspirés, si mon modèle me demande l'heure et que j'y prête attention, je suis fichu, le dessin est fichu.» Ces «rapports intimes entre l'artiste et son modèle» dont parlait souvent Matisse reposaient sur une connaissance visuelle qui, née de la curiosité de l'artiste, débouchait sur des rapports de confiance réciproque. Matisse, conscient d'avoir sous les yeux un modèle qui acceptait de s'exposer à lui et de s'offrir à son art dans une nudité sans merci, savait qu'il devait adopter une démarche prudente et progressive, surtout lorsqu'il s'agissait de modèles non professionnels. C'est ainsi qu'il écrivit à son ami Rouveyre: «La mienne [un modèle anglais] est là et reviendra après-demain me regarder dans les yeux comme on me regarde habituellement lorsque je suis au travail, c'est-à-dire qu'on me regarde sans défense, sans soucis ni protection.»

Matisse savait aussi que sans son engagement personnel, son «émotion», son «sentiment», il ne pourrait obtenir ce don et cette participation du modèle que son art exigeait: «Le modèle doit être détendu et se trouver davantage en confiance avec son observateur, ce dernier embusqué derrière une conversation où il n'est pas question de choses particulièrement intéressantes, mais qui joue, au contraire sur des détails indifférents. Il semble qu'il s'établit alors entre les deux interlocuteurs un courant indépendant des mots échangés par eux, qui sont de plus en plus quelconques.»

Cette image essentielle du «courant» caractérise la relation humaine établie entre l'artiste et son modèle, relation qui peut s'étendre du simple plaisir sans arrière-pensée à une provocation sensuelle et érotique et une dépendance, source de conflits dramatiques comme chez Picasso, ou d'une souffrance silencieuse comme chez Bonnard. Matisse expliquait à ce sujet: «La plupart des peintres ont besoin du contact direct des objets pour sentir qu'ils existent et ils ne peuvent les reproduire que sous leurs conditions strictement physiques. Ils cherchent une lumière extérieure pour voir clair en eux-mêmes. Tandis que l'artiste ou le poète possèdent une lumière intérieure qui transforme les objets pour en faire un monde nouveau, sensible, organisé.» Qu'ils soient «peintres» ou «poètes», leur art exigeait une profonde connaissance de précises règles du jeu et un engagement souvent minant, moralement et physiquement. Matisse était un jongleur, un danseur, qui s'efforçait inlassablement de présenter un spectacle passionnant et saisissant. La scène pour lui était l'exigeante réalité qui lui réclamait sans cesse de nouvelles pro-

ductions, images et portraits le plus souvent empruntés à la vie, au prix parfois d'une lutte intense. Ce n'est pas sans raison qu'il reprenait fréquemment à son compte la phrase de Rembrandt: «Je n'ai fait que des portraits.» Mais avec quelle maîtrise rendait-il à la vie ces images! La figure présentée ici, connue aussi sous le titre *Accablement,* en apporte la preuve manifeste. Sensuelle comme une dormeuse de Courbet ou de Renoir, délicate dans son tracé comme un Rembrandt, et séductrice comme une nymphe du Corrège, cette femme se dérobe par le sommeil au regard attentif de son observateur.

54
1929 – Eau-forte – Pl. 89 – 25 × 17,9 cm – 6 épreuves d'essai, 25 épreuves numérotées, signées, sur Chine appliqué – Duthuit n° 127 – Bibliothèque nationale, Paris

17/25

Henri Matisse

LA PAUSE

Nous avons vu combien Matisse en tant qu'artiste se sentait l'esclave de son activité créatrice, devant lutter sans cesse pour l'élaboration de ses figures. En effet, jamais il ne se laissait tenter par une simple formule, car il était lui-même prisonnier de ses objets. «Chacun de ces dessins porte, selon moi, une invention qui lui est particulière et qui vient de la pénétration du sujet par l'artiste, qui va jusqu'à s'identifier parfaitement avec son sujet, de sorte que la vérité essentielle en question constitue le dessin.»

Pour les besoins de son art, l'artiste devient usurpateur, voyeur, observateur sans merci. Les limites de cette relation avec l'objet étaient soumises à des normes fixées par lui-même. C'est ainsi qu'il fut conduit à écrire à son ami Rouveyre: «Après une triste séance avec un modèle vide d'expression quoique belle fille, j'étais brisé de m'être battu les flancs pour lui donner un peu de vie.» La création, chez Matisse, devait aussi s'accompagner d'un certain investissement sentimental. Mais, ce qui à l'origine était considéré comme une «possibilité de renseignements» sur la constitution du modèle, pouvait devenir une véritable obsession passionnelle que l'artiste vivait, selon ses propres termes, «pour me tenir en émotion, en état d'une sorte de flirt qui finit par aboutir à un viol. Viol de qui? De moi-même, d'un certain attendrissement devant l'objet sympathique. Je voudrais bien m'en passer tout à fait un jour – je ne le pense pas car je n'ai pas assez cultivé la mémoire des formes. Aurai-je encore besoin de formes? Il est question plutôt de triompher du vertige pendant le vol. Je sais suffisamment comment est fait un corps humain. Une fleur – quand je ne la trouverai pas dans ma mémoire je l'inventerai.» Tels étaient les doutes et certitudes d'un artiste riche déjà de plus de quarante ans d'expérience!

Contrairement à Picasso, qui engageait tout son être dans ces relations amoureuses plus ou moins éphémères, pour pouvoir les traduire dans son œuvre, Matisse adoptait une attitude plus intellectuelle, plus distante, même lorsqu'il se sentait captivé par son modèle. Si les drames qu'il vivait étaient plus humains, ils n'en conservaient pas moins le même but. «C'est comme pour l'amour, tout dépend de ce que l'artiste peut projeter inconsciemment sur tout ce qu'il regarde. C'est la qualité de cette projection qui donne la vie, bien plus que la présence sous les yeux de l'artiste d'une personne vivante.» Comme chez la plupart des grands artistes, cette relation avec le modèle était profondément égocentrique: «Même le modèle n'existe que pour ce qu'il me sert.» L'œuvre d'art occupait le premier plan et exigeait de l'artiste son engagement complet. Matisse élaborait et s'occupait de ses œuvres avec un soin scrupuleux, comme le montre ici cette note rajoutée de sa main qui demande à l'éditeur d'effacer deux points minuscules sur la cuisse du modèle, susceptibles d'être mal interprétés et d'attirer inutilement le regard de l'observateur.

55
1929 – Eau-forte – Pl. 109 – 14,9 × 19,6 cm – 2 épreuves annotées «document» avec indication de tirage de la main de l'artiste, 4 épreuves numérotées, signées, sur Chine appliqué – Duthuit n° 142 – Bibliothèque nationale, Paris; sur vélin avec impression en relief

GRAND VISAGE

Pour Matisse, les modèles restaient toujours avant tout des êtres humains. Ses nombreuses études de têtes en sont les témoins les plus manifestes. «Le visage humain m'a toujours beaucoup intéressé. J'ai même une assez remarquable mémoire pour le visage, même pour ceux que je n'ai vus qu'une seule fois. En les regardant je ne fais aucune psychologie mais je suis frappé par leur expression souvent particulière et profonde.» Le sens aigu de l'observation et la puissante faculté de mémoire de l'artiste lui permettaient d'accumuler un capital visuel dans lequel il pouvait ensuite puiser en l'absence du modèle.

Ces expériences représentaient des moments privilégiés dans la vie artistique de Matisse, qui conserva sa vie entière le souvenir de l'un d'eux: «La révélation de la vie dans l'étude du portrait m'est venue en pensant à ma mère. Dans un bureau de poste de la Picardie, j'attendais une communication téléphonique. Pour passer le temps, je pris une formule télégraphique qui traînait sur la table et traçais à la plume une tête de femme. Je dessinais sans y penser, ma plume allant à sa volonté, et je fus surpris de reconnaître le visage de ma mère avec toutes ses finesses.»

Comme nous l'avons vu, c'est surtout pendant la Première Guerre mondiale que Matisse s'était exercé à ces esquisses rapides, faisant de nombreux petits portraits à l'eau-forte des membres de sa famille, de ses amis et de ses modèles. Il tenta manifestement aussi de travailler à l'aide de photographies, non pas pour avoir une approche plus précise des visages, mais, d'une manière qui semble assez paradoxale, pour se libérer d'influences et de conceptions acquises: «Quand j'ai voulu me débarrasser de toutes les influences qui empêchent de voir la nature d'une façon personnelle, j'ai copié des photographies. Nous sommes encombrés de sentiments des artistes qui nous ont précédés. La photographie peut nous débarrasser des imaginations antérieures.» Ce support devient ici le moyen pour l'artiste de découvrir de nouveaux signes qui l'aideront à définir un objet, interprétation de la photographie qui va à l'encontre des idées habituelles. «Si l'on admettait qu'on puisse faire des portraits si ressemblants et si réels qu'ils donnent l'illusion de la nature et paraissent vivants, et que l'on en garnisse les murs d'une chambre, le résultat pour le spectateur serait atroce et obsédant jusqu'à lui faire prendre la fuite. Ce serait comme habiter une salle du Musée Grévin, hallucinante comme un conte de Poe.»

La puissante expressivité du visage reproduit dans la lithographie présentée ici réside essentiellement dans l'étonnant regard du modèle, dont les yeux de chat semblent exercer comme un charme magique sur le spectateur. C'est avec des lignes d'une simplicité extrême que l'artiste a su redonner vie ici à cette expression si particulière.

56
1929, tirée en 1935 – Lithographie – Pl. 128 – 50,5 × 34,5 cm – 7 épreuves d'essai sur papiers différents, 10 épreuves d'artiste, 50 épreuves numérotées, signées, sur Japon – Duthuit n° 517 – Bibliothèque nationale, Paris; épreuve d'essai

NU ASSIS DANS L'ATELIER

Modèles et intérieurs constituèrent le thème exclusif des eaux-fortes et pointes sèches de l'année 1929. Elles donnèrent lieu à une série de croquis inspirés d'un même contexte: le monde fermé de l'atelier, éclairé et animé par l'air de la mer et la lumière du soleil.

L'artiste venait de fêter ses soixante ans, sa femme Amélie était souffrante et devait rester alitée, et ses enfants avaient tous quitté le foyer familial pour vivre leur propre vie. Matisse avait désormais peu d'interlocuteurs de sa génération. Il restait cependant en contact étroit avec son ami de jeunesse Simon Bussy, qui fréquentait lui-même assidûment les milieux littéraires. Bussy connaissait Gide et le cercle de Bloomsbury et vivait aussi dans le Sud de la France. Matisse voyait également de temps en temps Bonnard, qui habitait au Cannet, et Maillol, établi à Banyuls. Ses séjours à Paris lui permettaient de se tenir au courant de l'actualité artistique. Matisse était peu tenté par les grands voyages et il ne fit qu'en 1925 un séjour en Italie (Sud de l'Italie et Sicile) avec sa famille. «Je suis trop anti-pittoresque pour que les voyages m'aient apporté beaucoup», avait-il coutume de dire. Il ne cherchait pas une distraction ou un changement quelconque, mais semblait toujours garder une seule préoccupation à l'esprit: ses peintures. «Je me suis demandé chaque jour si je faisais l'essentiel pour me maintenir en condition pour peindre. Tout ça est difficile. Cela signifie que l'on doit rester calme, équilibré, dégagé de toute distraction», expliquait-il en 1934 dans un entretien.

Les journées de Matisse étaient rythmées par son travail régulier. Tous ses amis en témoignèrent, y compris le couple de collectionneurs suisses Arthur et Hedy Hahnloser, qui rendirent souvent visite à l'artiste dans les années vingt en compagnie de Bonnard. Hedy Hahnloser nous laissa ces quelques notes rapides: «Sa vie était d'une discipline exemplaire. Levé à sept heures précises, il faisait ensuite ses exercices physiques habituels. Entre neuf et dix, il montait à l'atelier.» Suivaient alors les séances de pose, si dévoreuses de temps et d'énergie, ou les corrections sur des œuvres en cours. A cette époque, il avait aussi l'habitude de modeler chaque jour de curieuses petites figures d'argile sans cesse reprises et transformées, pour des raisons que Hedy Hahnloser interprète ainsi: «Comme un pianiste appelé à exercer quotidiennement ses mains, il devait se sentir obligé de sensibiliser ses doigts aux formes et d'entretenir leur virtuosité. C'était une mise en condition avant chacun de ses travaux [«pour éveiller ma sensibilité», comme ajoutait ici Hedy Hahnloser, reprenant les mots mêmes de Matisse]. Le travail du pinceau, mais plus encore celui du crayon, était fortement influencé par

ce modelage de l'argile, devenu indispensable à son activité créatrice.»

Matisse était sans nul doute un travailleur acharné, minutieux et discipliné: «Il faut travailler chaque jour à heures fixes. Il faut travailler comme un ouvrier. Aucune personne ayant fait quelque chose qui vaille la peine n'a agi autrement. J'ai travaillé toute ma vie la journée entière.»

57
1929 – Eau-forte – Pl. 95 – 20,4 × 15,4 cm – 2 épreuves d'état, 2 épreuves d'essai, 25 épreuves numérotées, signées, sur Chine appliqué – Duthuit n° 134 – The Art Institute of Chicago (don de Frank Hubachek), Chicago

25/25

Henri-Matisse

FIGURE AU VISAGE COUPÉ, ASSISE DANS UN INTÉRIEUR

La luminosité différente qu'offraient les grandes fenêtres de l'atelier situé au dernier étage de l'immeuble place Charles-Félix, suscita manifestement dans l'esprit de Matisse de nouveaux problèmes picturaux, car la lumière n'était plus ici filtrée par des jalousies, mais envahissait toute la pièce. La palette du peintre s'éclaircit, et ses couleurs devinrent plus légères. Ces nouvelles conditions de travail incitèrent sans doute aussi l'artiste à reconsidérer les rapports formes-lumière, comme le constata Hans Hahnloser après une visite qu'il lui rendit en 1929: «Si le maître n'avait pas, lors de chaque crise, recommencé à dessiner, il n'aurait pas atteint cette liberté et richesse.»[59]

Matisse utilisa la technique de l'eau-forte, modifiant inlassablement les positions souvent complexes de son modèle assis ou couché dans un intérieur richement décoré. Pourtant nous ne découvrons que des fragments de cet intérieur (l'atelier de l'artiste), des détails souvent difficilement identifiables. Matisse semblait vouloir abandonner la représentation sculpturale et plastique de la figure et se désintéresser par là même de la personnalité individuelle de ses modèles. Il n'hésitait pas à couper ses compositions, même lorsqu'il s'agissait, comme ici, d'éléments aussi personnels que la tête, privant ainsi sa figure à la fois de son entité et de son individualité. Le modèle devient objet, au même titre que le bocal de poissons ou la lampe. Son vêtement, ses pantoufles, sa chevelure, son corps forment ensemble un bloc ornemental, un accord pictural constitué d'éléments qui confèrent son rythme et sa substance à toute la composition. On retrouve ici cette «orchestration» dont parlait Matisse. Matisse empruntait souvent ses termes à la musique lorsqu'il tentait de décrire son art, attirant notre attention avant tout sur le côté constructif de cet art, le jeu savant des différentes composantes, assemblées non pas suivant des normes et des hiérarchies de valeurs préétablies, mais suivant des fonctions et des règles plus abstraites, se rapprochant de celles qui régissent la musique: «[...]La toile est peinte en tons plats sans gradation. [...]C'est le dessin, et l'harmonie et le contraste des couleurs, qui donnent le volume, tout comme en musique un certain nombre de notes forment une harmonie plus ou moins profonde et riche selon le talent du musicien qui les a assemblées.»

Matisse composait ses harmonies à partir d'éléments issus du monde concret de son atelier, y découvrant des signes plus ou moins dynamiques ou statiques. Les ondulations serpentines du mur (le papier imitation marbre), les bandes parallèles (la bordure verte du sol), le motif continu du tapis, tous ces éléments «vivifient» l'es-pace, l'animent d'un mouvement dynamique, tout en créant une association de différentes tonalités. Matisse dessinateur obtint ici encore par la réduction des moyens et du format (ces eaux-fortes sont toutes de petite taille) un résultat artistique de premier plan. «Sept notes, avec de légères modifications, suffisent à écrire n'importe quelle partition. Pourquoi n'en serait-il pas de même pour la plastique?»

58
1929 – Eau-forte – Pl. 179 – 15,1 × 22,6 cm – 2 épreuves d'état, 3 épreuves d'essai, 25 épreuves numérotées, signées, sur Chine appliqué – Duthuit n° 187 – The Art Institute of Chicago, Chicago

21/25

Henri-Matisse

NU RENVERSÉ, FOND À CARREAUX

On est frappé, dans les eaux-fortes réalisées vers 1929, de la fréquence des positions ramassées du modèle, comme si l'artiste avait voulu explorer dans ces poses de nouveaux rythmes corporels. Elles donnent l'impression d'une recherche passionnée de l'expressivité et de la distorsion maximales, susceptibles de conduire à une abstraction que l'artiste aspirait encore à atteindre. Matisse désirait se libérer de la présence directe du modèle par une utilisation exclusive de la ligne, appelée à devenir la traduction visuelle de caractéristiques essentielles. Il définissait ce processus comme «la transcription presque inconsciente de la signification du modèle».

Pour comprendre cette démarche abstraite, difficile à saisir parce que trop intimement liée à la personnalité même de l'artiste, reportons-nous aux propos exprimés par Matisse: «L'idéal serait d'avoir un atelier à trois étages. On ferait une première étude d'après le modèle, au premier étage. Au second on descendrait plus rarement. Au troisième, on aurait appris à se passer du modèle.» Matisse recherchait dans le dessin l'occasion de créer en toute liberté et en toute indépendance à partir d'images accumulées dans son esprit, sans que cette expérience ne se fige toutefois dans de simples exercices de virtuosité. Il aspirait à la création d'images, d'engrammes qui, empruntés à la vie, seraient ranimés par son art. «J'ai pris une connaissance profonde de mon sujet. Après un long travail au fusain, constitué par une somme d'analyses plus ou moins bien calées entre elles, surgissent des visions qui, tout en paraissant plus ou moins sommaires, sont l'expression des rapports intimes entre l'artiste et son modèle. Des dessins comportant toutes les finesses d'observation entrevues pendant le travail, jaillissent comme d'un étang les bulles de fermentation intérieure.»

Matisse savait que le chemin conduisant à ce but passait par ses propres expériences visuelles qu'il devait sans cesse enrichir. L'artiste devait ainsi être toujours à l'affût de «chocs émotifs», traduits en peinture par sa confrontation permanente avec la couleur et la lumière, en dessin par la référence continue au modèle et à l'objet.

59
1929 (tirage retrouvé chez l'artiste en 1966; numérotage et apposition du cachet effectués à cette date) – Eau-forte – Pl. 138 bis – 12,7 × 18 cm – 2 épreuves d'état, 10 épreuves numérotées, portant le cachet «HM», signées dans le cuivre, sur Chine appliqué – Duthuit n° 164 – Bibliothèque nationale, Paris

124

Matisse

10/10
HM.

TÊTE DE JEUNE FILLE ET DEUX CYPRINS DORÉS II
JEUNE FEMME, POISSONS ROUGES ET NAPPE À CARREAUX I
JEUNE FEMME DORMANT PRÈS D'UN BOCAL

En novembre 1929, Matisse réalisa une série de dix eaux-fortes ayant pour thème un visage de femme et un bocal de poissons. Ce sont de petits formats horizontaux, des feuilles d'environ 9 × 19 cm. Matisse, qui dessinait directement sur la planche, devait reprendre sans cesse son motif pour parvenir à traduire les différents sentiments qu'il lui inspirait.

Si Picasso vivait avec fascination les métamorphoses d'une gravure, en conservant le souvenir par la réalisation de nombreux états d'une même composition, Matisse au contraire s'intéressait surtout aux variations offertes par un thème particulier. Il notait généralement les premières impressions suscitées par son sujet dans un carnet de croquis, mais détruisait souvent ensuite durant son travail nombre de ces étapes intermédiaires, enlevant ainsi à ses dessins la précieuse valeur documentaire dont témoignaient ses estampes de la même période. En peinture, seules quelques photos se font l'écho des différentes étapes conduisant à l'œuvre considérée comme achevée par l'artiste. Matisse envoya ainsi à son importante mécène américaine Etta Cone vingt-deux photos de son *Grand Nu couché* (1935 ; Baltimore Museum of Art), témoins saisissants des différents états ayant précédé la version définitive. Le fait même que l'œuvre gravé de 1929 nous ait fourni de tels éléments sur la manière de procéder de l'artiste, nous révèle qu'il avait découvert dans ce moyen de nouvelles possibilités esthétiques. En effet, si la peinture de cette époque ne représente qu'un nombre étonnamment réduit de toiles, la gravure à l'eau-forte en revanche a donné lieu à plus de cent petites compositions, ensemble le plus important de son œuvre gravé, mises à part les productions de la fin de sa vie.

La série présentée ici témoigne de l'importance que l'artiste accordait à une écriture la plus dépouillée et la plus résumée possible. Il cherchait pour ses objets des signes lui permettant de rendre avec une plus grande liberté artistique la variation de leurs rythmes et de leurs dispositions, signes qui devenaient comme des traces indélébiles et intemporelles. «Il suffit d'inventer des signes. Quand on possède un authentique sentiment de la nature, on peut créer des signes qui soient autant d'équivalents entre l'artiste et le spectateur.»

60 I
1929 – Eau-forte – Pl. 149 – 12,8 × 18,1 cm – 2 épreuves d'état, 25 épreuves numérotées, signées dans le cuivre et au crayon, sur Chine appliqué – Duthuit n° 176 – Bibliothèque nationale, Paris

60 II
1929 – Eau-forte – Pl. 142 – 9,3 × 12,6 cm – 2 épreuves d'état, 3 épreuves d'essai, 25 épreuves numérotées, signées dans le cuivre et au crayon, sur Chine appliqué – Duthuit n° 173 – Bibliothèque nationale, Paris

60 III
1929 – Eau-forte – Pl. 178 – 12,4 × 16,8 cm – 3 épreuves d'essai, 25 épreuves numérotées, signées dans le cuivre et au crayon, sur Chine appliqué – Duthuit n° 178 – Bibliothèque nationale, Paris

I

II

III

LE REFLET DANS LA GLACE

Modèles et miroirs étaient des thèmes typiques de Bonnard. En effet, dans d'innombrables variantes, ce peintre surprit dans une glace le reflet du visage de son modèle occupé à sa toilette, créant ainsi par cette disposition inhabituelle de l'espace et des objets de nouveaux aperçus et perspectives picturales. L'admiration que Matisse vouait à Bonnard le conduisit à s'interroger sur l'activité de ce peintre dans sa maison rose du Cannet, et à rechercher son contact et sa proximité. Cette curiosité ne fit que se renforcer avec l'âge et fut à l'origine d'une amitié reposant surtout sur la conscience mutuelle de leur isolement et de leur solitude au sein de leur activité créatrice. «Quand vous verrai-je?» entendait-on de Nice et, comme un écho, venait la réponse du Cannet: «j'ai bien besoin de ne pas me sentir seul en pensant à vous.»[60]

Séduit par la forme esthétique des glaces de ses différentes chambres d'hôtel, Matisse introduisit cet élément dans sa peinture, sans lui accorder toutefois le rôle de support d'une nouvelle réalité picturale comme le faisait Bonnard. Quand le miroir faisait pénétrer comme par magie le paysage dans un intérieur, il avait la fonction d'une fenêtre (cf. *La Séance de peinture,* 1919, Edimbourg) et, quand il reflétait les noirs les plus profonds, il devenait élément chromatique essentiel (cf. *Anémones au miroir noir,* 1919). La planche présentée ici porte sans doute la marque d'une certaine influence des conceptions de Bonnard, car la réalité reflétée témoigne d'une interprétation plus complexe du rôle du miroir. Il reste certes l'une des composantes d'une scène en atelier, au même titre que n'importe quel autre objet, mais c'est lui qui détermine cette scène, élargissant en même temps l'espace par les détails qu'il reflète. Ces détails, bien que fragmentaires, nous fournissent toutefois sous la forme d'une chaise et du chevalet de précieuses informations complémentaires. Seule la figure apparaît en double, mais elle se trouve aussi coupée par le cadre de la glace. Le modèle se voit ainsi transformé en une réalité objective, impression encore accrue par le traitement équivalent des deux perspectives picturales. La composition reste sur un plan unique, même si la signification de son contenu se trouve élargie: le miroir reflète le chevalet, outil de l'artiste, qui signale ainsi sa présence.

Matisse trouva ici dans le vaste thème de l'artiste et de son modèle une formule picturale reposant à la fois sur l'appropriation visuelle de l'objet et sur l'identification de l'artiste-créateur avec ce même objet. De plus en plus, le maître se sentait vraiment le créateur de son propre monde pictural, mais avait-il aussi conscience d'en être à son tour l'esclave? En 1930, il partit, quittant l'Europe pour plusieurs mois à la recherche de nouveaux espaces, d'autres dimensions et sonorités, d'autres couleurs et parfums. Cette quête le conduisit alors à Tahiti.

61
1929 – Eau-forte – Pl. 86 – 25,5 × 15,2 cm – 2 épreuves d'état, 1 épreuve d'essai, 25 épreuves numérotées, signées, sur Chine appliqué – Duthuit n° 116 – Bibliothèque nationale, Paris

INTÉRIEUR AU FEUILLAGE

Après plusieurs années de travail dans l'isolement de son atelier niçois, Matisse, qui, plutôt sédentaire, se contentait simplement de changer parfois de cadre, entreprit en février 1930 un véritable voyage qui le conduisit à Tahiti et en Amérique. C'était un événement dans la vie par ailleurs si réglée et disciplinée de l'artiste, mais il ne faudrait pas l'interpréter comme une fuite ou une soif soudaine d'aventure de la part d'un homme de soixante ans. Matisse était en effet trop intimement artiste et peintre, et c'est son travail qui l'incitait à prendre de telles décisions, comme l'ont montré ses séjours à Biskra, Collioure et Tanger. Pourquoi rêvait-il d'Océanie, de Polynésie? Il avait depuis longtemps déjà étudié l'héritage de Gauguin et jusqu'à présent Nice lui offrait ces conditions climatiques et atmosphériques idéales, cette stabilité de la lumière si nécessaires à sa peinture. Il peignit étonnamment peu de toiles en 1929, se consacrant, comme nous l'avons vu, entièrement à son activité graphique. Pourtant ce sont bien ces problèmes de lumière et de couleur qui le poussaient sans cesse à dessiner, car, lorsque Matisse saisissait son crayon, c'est surtout à la lumière et aux couleurs qu'il pensait, se préoccupant davantage de contours et de volumes lorsqu'il avait en main son pinceau.

Ses rêves l'accompagnèrent dans son voyage: «En travaillant depuis quarante ans dans la lumière et l'espace européens, je rêvais toujours à d'autres proportions qui pouvaient se trouver peut-être dans l'autre hémisphère. J'ai eu toujours conscience d'un autre espace dans lequel évoluaient les objets de ma rêverie. Je cherchais autre chose que l'espace réel. D'où ma curiosité pour l'autre hémisphère où les choses pouvaient se passer différemment. (Je peux d'ailleurs vous dire que je ne l'ai pas trouvé en Océanie.)»

L'idée qu'il se faisait de ces nouveaux rapports lumineux et spatiaux transparaissait déjà dans ses petites eaux-fortes de 1929 et semblait si puissante que sa déception ne nous étonnera guère. Il dira pourtant: «La lumière du Pacifique a cette particularité qu'elle a une qualité enivrante pour l'esprit, comparable à celle que donne l'intérieur d'une coupe en or quand l'œil s'y plonge.»

Ce que Matisse découvrit n'était pas la concrétisation de ses rêves, mais de nouvelles conditions atmosphériques qui l'aidèrent à juger ses œuvres antérieures et ses visions, et à élaborer de nouvelles perspectives pour son propre travail. La personnalité de cet artiste et la nature même de son activité créatrice voulaient qu'il fût sans cesse à la recherche d'objets et de phénomènes réels, appelés à le conforter dans ses conceptions ou à lui apporter de nouvelles sources d'inspiration. Lumière et espace faisaient aussi partie de ce monde de sensa-

tions. Après son retour, il reprit tout d'abord l'étude de son modèle, de ses intérieurs et fenêtres, mais on vit de plus en plus s'introduire dans ses compositions des motifs végétaux, grandes feuilles et plantes luxuriantes, souvenirs des paysages paradisiaques du Pacifique traduits par la magie du crayon.

62
1935 – Eau-forte – Pl. 209 – 14 × 10,9 cm – 1 épreuve d'état, 2 épreuves d'essai, 25 épreuves numérotées, signées, sur Chine appliqué – Duthuit n° 244 – Bibliothèque nationale, Paris

LA DANSE

La route de Tahiti le conduisit en Amérique, continent des premiers collectionneurs de Matisse et terre d'élection de son plus jeune fils Pierre. Il dut être subjugué par le spectacle offert à ses yeux: «Je me trouve rajeuni de vingt ans. [...] Ici c'est la grandeur de l'espace et de l'ordre», écrira-t-il à sa femme qui, souffrant d'arthrite, devait rester alitée chez elle[61]. Cette nouvelle «sensation d'espace» («immense, immense si j'avais trente ans, c'est ici que je viendrais travailler»), répondant manifestement davantage à ses rêves, réveilla son énergie créatrice. Il retourna une seconde fois la même année en Amérique pour faire partie du jury de la Carnegie International Exhibition de Pittsburgh. On ne s'étonnera pas que Bonnard, membre du jury en 1926, ait recommandé Matisse et qu'à son tour celui-ci ait plus tard parlé en faveur de Picasso. Le magazine *Time* annonça: «En 1927, le Jury international Carnegie attribua le premier prix (1500 $) à Henri Matisse. Cette année, c'était au tour de Matisse d'attribuer le prix. Il le donna à Pablo Picasso pour le portrait calme et magistral de Mme Picasso.»[62] Il ne faut pas oublier que ces artistes étaient encore très controversés et soutenus uniquement par l'enthousiasme d'une élite restreinte. 137 artistes européens et 99 américains participèrent aussi à cette exposition.

Tous les journaux parlaient de Matisse, mais celui-ci faisait rarement de confidences sur son travail. Le même article du *Time* rapportait: «Journalistes et hôtesses le trouvèrent silencieux derrière ses moustaches, disposé seulement à l'occasion à jouer les oracles.» Pourtant cette reconnaissance officielle avait moins d'importance aux yeux de Matisse que l'occasion de retrouver ses amis et de redécouvrir ses propres œuvres. Invité par de nombreux collectionneurs comme Stephen Clark à New York, Albert C. Barnes à Merion et Etta Cone à Baltimore, il put voir accrochées aux murs des séries entières de ses œuvres, témoins des différentes phases traversées par son art. Depuis plus de dix ans, Matisse n'avait pu profiter d'une telle rétrospective. Ces visites devenaient une expérience artistique inestimable, un moyen pour lui de faire le point sur sa propre production. Albert C. Barnes, considéré parmi les collectionneurs américains les plus dynamiques de son époque, possédait près de soixante œuvres de Matisse. Il chargea l'artiste d'une décoration monumentale devant prendre place dans les arcs en plein cintre au-dessus des fenêtres éclairant la vaste salle d'exposition de sa fondation de Merion.

Séduit par les dimensions fixées, Matisse accepta le défi, malgré la complexité du cadre imposé par l'architecture. Avec l'intensité de travail d'un Michel-Ange, il commença ces panneaux dans l'annexe d'un garage de Nice, aménagé pour la circonstance. Grâce à une technique géniale au pochoir, il acheva relativement vite son travail, mais une erreur dans la prise des mesures l'obligea à exécuter une seconde version qui lui coûta un effort immense. Il écrivit à Barnes (23 février 1932): «Enfin la chose est ainsi et je n'ai qu'à recommencer. Seulement ne voulant pas perdre mon travail je termine les toiles [les trois panneaux] dans les mesures actuelles et fausses. J'ai travaillé tous les jours du matin au soir depuis mon retour à Nice – je vous envoie une photo et une gouache faites samedi dernier qui vous donne une idée du développement de mon sentiment. [...] mon courage demeure aussi entier malgré que le coup est rude» (archives de la Barnes Foundation, Merion). Matisse fit imprimer à Paris chez Lacourière une eau-forte en couleurs d'après la première version refusée (actuellement au Musée d'Art moderne de la Ville de Paris). La maquette de cette réalisation à part dans l'œuvre gravé de l'artiste se trouve à Nice, au Musée Matisse. Les efforts exigés par *La Danse I* et *II* donnèrent à Matisse une expérience des grandes dimensions qui devait marquer ses œuvres ultérieures et leur conférer leur étonnante monumentalité.

63
1935-1936 – Eau-forte en couleurs (noir, gris, rose et bleu) – Pl. 213 – 23,6 × 74 cm – 10 épreuves d'état, 5 épreuves d'artiste, 50 épreuves numérotées, signées, sur vélin d'Arches – Duthuit n° 247 – The Baltimore Museum of Art (collection Cone), Baltimore

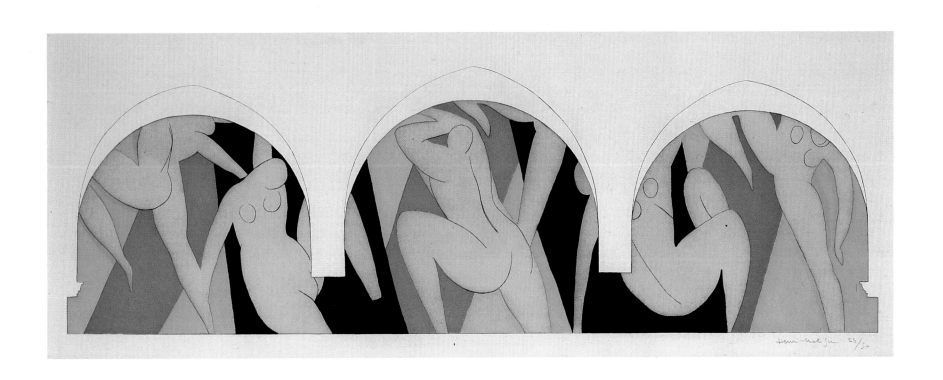

DANSEUSES ACROBATES

La grande commande de *La Danse* pour la Barnes Foundation conduisit à nouveau Matisse à traiter le thème de la danse et de la joie de vivre. Il avait retrouvé à Merion, après plusieurs années, son œuvre de jeunesse la plus importante: *La Joie de vivre* (1905/1906). En outre, les contacts avec les Ballets russes de Monte-Carlo ainsi que l'amitié qu'il partageait avec des musiciens et des chorégraphes ne pouvaient qu'entretenir son intérêt pour la danse. André Masson se souvint en 1933: «Au cours de mon séjour à Grasse, je travaillais à des maquettes pour un ballet, qui devait s'appeler Les Présages, avec Massine. Massine était ami de Matisse. [...] Naturellement, j'allais regarder les exercices de danse. Matisse venait quelquefois me rejoindre, ce qui était extraordinaire! Il venait me rejoindre, regardait les danseuses à l'exercice et disait: ‹Voyez celle-là, eh bien, regardez ses mains, ses mains sont molles, elle ne fera jamais rien! Ce n'est pas aux pieds, qu'il faut regarder les danseuses, seules comptent les terminaisons.› Il n'y avait pas un moment où son esprit ne travaillait pas dans le sens visuel. C'était une extraordinaire machine à enregistrer, étonnante!»

Après le statisme des odalisques, Matisse aborda le mouvement de la danse. Ce n'était plus les attitudes de repos comme dans les *Dix Danseuses* (1927) qui fascinaient désormais l'artiste, mais des mouvements extrêmes d'une grande intensité dynamique, tels qu'ils apparaissent aussi dans les décorations monumentales de la Barnes Foundation. La concentration exigée par le format inhabituel de ces panneaux a sans doute incité Matisse à traiter ici le thème de la danse à un autre niveau, d'une manière alerte et spontanée, comme s'il voulait laisser son crayon le décharger par sa course libre d'un certain poids émotionnel. Le chant aussi l'aidait à s'imprégner de son sujet et à diminuer sa tension nerveuse: «Lorsque je fis la première grande composition, en dessinant je chantais l'air de la farandole et tous mes acteurs naissaient de ce même mouvement.»

Matisse réalisa ainsi douze esquisses rapides reproduisant avec une grande virtuosité des positions acrobatiques, toutes témoins d'un puissant dynamisme physique. L'énergie est ici résumée par des lignes de force qui semblent naître d'un centre invisible. Matisse parvint par cette saisissante économie de moyens à réduire le mouvement de la danse à un simple jeu de lignes qui, par leur seule force, symbolisent toute l'énergie contenue dans le corps de la danseuse. A la même époque, Picasso s'inspira également de scènes de danse pour réaliser des acrobates, mais ils témoignent davantage de son intérêt pour les déformations les plus marquées et les plus expressives possible du corps, que d'une préoccupation particulière pour la force dynamique de la ligne. Matisse reprit encore ce thème peu avant sa mort dans des gouaches découpées (*Les Acrobates*, 1952) et des dessins à la plume. L'expérience de ces mouvements extrêmes se fit aussi sentir par la suite dans ses figures, qui virent s'offrir un éventail de poses plus amples et plus variées, s'écartèrent davantage des schémas habituels, transmettant ainsi toute leur force et leur tension intérieures à l'ensemble de la composition. L'album prévu (*Danseuses acrobates*), qui devait être accompagné d'un texte de Colette, ne vit jamais le jour pour des raisons inconnues.

64 I–IV
1931-1932 – Lithographie en sanguine – Pl. 413, 416, 419, 421 – 37 × 33,8 cm; 38 × 29,7 cm; 43 × 34 cm; 25,9 × 24,7 cm – Quelques épreuves d'essai et d'artiste, 25 épreuves numérotées, sur vélin d'Arches – Duthuit n°s 529, 532, 535, 537 – Bibliothèque nationale, Paris

La série (pl. 410 à 421) a été dessinée vers 1931-1932 d'après le modèle de la *Danseuse au tambourin* et tirée en 1967.

I

II

III

IV

LE CONCERT

L'année 1930, qui avait déjà été marquée par un voyage en Amérique et à Tahiti, et par la réalisation des panneaux de *La Danse*, apporta encore à l'artiste une importante commande, celle du jeune éditeur suisse Albert Skira qui lui demandait d'illustrer les poèmes de Mallarmé. Matisse n'avait exécuté jusqu'à présent que des estampes isolées pour différentes éditions ou des reproductions de dessins (cf. *Les Jockeys camouflés* de Pierre Reverdy, 1918). Les *Poésies* de Stéphane Mallarmé représentaient son premier véritable livre illustré. Cette commande arrivait à un moment propice, car Matisse avait acquis une solide expérience de l'eau-forte par son travail intensif qui avait précédé son voyage à Tahiti. D'autre part, ces illustrations présentaient un certain parallèle avec les vastes décorations qu'il avait réalisées, dans la mesure où il devait ici aussi s'adapter à un cadre (thématique et formel) préalablement défini. Le changement permanent de format – des grands panneaux de la Barnes Foundation à la page d'un livre – stimula l'élan créateur de Matisse; en outre, le choix des poèmes à illustrer établit un lien thématique entre ces deux travaux: il s'agissait de danse et de scènes mythologiques où intervenaient nymphes et faunes. L'atmosphère paradisiaque et idyllique que lui inspira Mallarmé laissa pour la première fois transparaître dans l'œuvre de Matisse ses impressions d'Océanie. Et ce n'est pas un hasard si la deuxième version de *La Danse* témoigne d'une certaine interprétation dionysiaque, comme Matisse le décrivait lui-même à Alexandre Romm: «Le premier [travail] est guerrier, le second dionysiaque». Le thème de *L'Après-midi d'un faune* commença à imprégner son esprit et son œuvre qui semblait résonner des vers de Mallarmé: «Ces nymphes, je les veux perpétuer. Si clair, leur incarnat léger, qu'il voltige dans l'air assoupi de sommeils touffus. Aimai-je un rêve?»[63]

La conception de Matisse reposait essentiellement sur l'harmonie entre page de texte et illustration. C'est ainsi qu'il choisit de créer de fins dessins linéaires, évoquant les mêmes valeurs thématiques et formelles que le texte imprimé. La collectionneuse américaine Etta Cone fit l'acquisition de la maquette de ce livre comportant études préparatoires, épreuves d'états et planches refusées. Cet ensemble nous permet un rare aperçu sur le travail subtil de l'artiste et sur la genèse d'une œuvre.

Le Concert – 1931-1932 – Eau-forte pour *L'Après-midi d'un faune,* dans les *Poésies* de Stéphane Mallarmé

65
1931-1932 – Eau-forte – Pl. refusée pour *L'Après-midi d'un faune,* dans les *Poésies* de Stéphane Mallarmé – 30,1 × 23,2 cm – The Baltimore Museum of Art (collection Cone), Baltimore

LE CYGNE

Conquis et encouragé par l'enthousiasme du jeune éditeur Skira, Matisse s'engagea avec passion dans l'illustration de livres, malgré les difficultés de la situation économique de l'époque et les faibles perspectives commerciales. C'est avec la même intensité que Picasso travaillait aux illustrations des *Métamorphoses* d'Ovide, commandées également par Skira. L'univers de Mallarmé, ses rêves, et surtout sa poésie reposant sur l'association d'images intérieures, éveillèrent en Matisse un élan créateur et des interprétations personnelles qu'il transcrivit librement sur le papier, tout en restant en étroite harmonie avec les vers du poète. Une maquette comportant des pages blanches réparties sur l'ensemble du livre lui offrit les conditions d'une adaptation idéale au texte. Les limites imposées par le format de l'ouvrage ne représentaient aucunement une contrainte pour l'artiste. Sa conception intérieure de l'espace était certes illimitée, mais elle se devait de transparaître dans ses dessins. C'était souvent là un enfantement difficile, comme l'attestent les nombreuses esquisses et planches refusées.

Le thème des animaux est extrêmement rare dans l'œuvre de Matisse, mais ce n'est pas le seul que Mallarmé lui ait inspiré, enrichissant ainsi l'éventail de son répertoire iconographique. Alfred Barr nous rapporta les souvenirs de Pierre Matisse, qui avait accompagné son père, toujours à la recherche d'un modèle concret pour ses sujets, dans une barque sur le lac du bois de Boulogne: «Un des cygnes s'offusqua de l'attention de l'artiste, attaqua le bateau, et on dut l'écarter à coups d'aviron. [...] Ce fut l'image du cygne s'avançant pour attaquer ailes ouvertes qui impressionna le plus Matisse.» Des dessins préparatoires nous révèlent qu'après cette attaque du cygne, Matisse passa d'une image classique et sereine à un portrait puissant, reflétant l'attitude agressive et menaçante de l'animal. Il porta toute son attention sur les parties les plus expressives de son corps: le cou, la tête et les ailes déployées. Ce cygne se distingue par son élégance, son énergie et sa puissante détente, rendues ici encore dans une écriture magistrale qui nous surprend toujours par son dépouillement. La représentation de cet animal est comme un sceau qui vient s'imprimer dans notre mémoire.

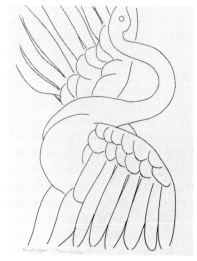

Le Cygne – 1931-1932 – Eau-forte – Pl. refusée pour *Plusieurs sonnets,* dans les *Poésies* de Stéphane Mallarmé – 33,3 × 25 cm (feuille) – The Baltimore Museum of Art (collection Cone), Baltimore

Le Vierge, le vivace – 1931-1932 – Crayon – Dessin pour *Plusieurs sonnets,* dans les *Poésies* de Stéphane Mallarmé – 25,2 × 30,3 cm – The Baltimore Museum of Art (collection Cone), Baltimore

66
1931-1932 – Eau-forte – Pl. refusée pour *Plusieurs sonnets,* dans les *Poésies* de Stéphane Mallarmé – 33,1 × 25 cm (feuille) – The Baltimore Museum of Art (collection Cone), Baltimore

Planche refusée N° 1

Henri Matisse

FAUNE ET NYMPHE

«La rêverie d'un homme qui a voyagé est autrement plus riche que celle d'un homme qui n'a jamais voyagé. [...] Les choses qu'on acquiert consciemment nous permettent de nous exprimer inconsciemment avec une certaine richesse. D'autre part, l'enrichissement inconscient de l'artiste est fait de tout ce qu'il voit et qu'il traduit picturalement sans y penser. Un acacia de Vésubie, son mouvement, sa grâce svelte, m'a peut-être amené à concevoir le corps d'une femme qui danse.» La puissante mémoire visuelle de Matisse lui permettait de créer sans cesse de nouvelles images à partir de ses souvenirs. Le thème mythologique du faune est une sorte de sublimation et de transposition de la relation artiste-modèle dans un monde pictural accessible à tous. C'est dans cet esprit que Matisse dira: «Les femmes sont enfants du désir de l'homme, de sa passion. Mais la passion n'apparaît pas en elles: elle se tient dans l'esprit du peintre, et par conséquent dans l'esprit du spectateur.»

Le thème de l'amour se trouve directement évoqué dans la violence sensuelle du faune qui, à l'instar du taureau dans l'œuvre de Picasso, concrétise l'aspect émotionnel et instinctif de la possession visuelle du modèle par l'artiste. Pour reprendre les mots mêmes de l'artiste, le modèle «compte non comme une possibilité de renseignements sur sa constitution, mais pour me tenir en émotion, en état d'une sorte de flirt, qui finit par aboutir à un viol. [...] Ce modèle est pour moi un tremplin – c'est une porte que je dois enfoncer pour accéder au jardin dans lequel je suis seul et si bien – même le modèle n'existe que pour ce qu'il me sert.» Matisse était conscient de cet égocentrisme du peintre qui, n'écoutant que les besoins de son art, était sans cesse amené à de nouvelles confrontations. Les images du poète firent ressurgir ici en lui ses propres représentations de l'éternelle passion humaine.

Faune et nymphe – 1931-1932 – Eau-forte pour *L'Après-midi d'un faune*, dans les *Poésies* de Stéphane Mallarmé

67
1931-1932 – Eau-forte – Pl.refusée pour *L'Après-midi d'un faune*, dans les *Poésies* de Stéphane Mallarmé – 32,5 × 25,8 cm (feuille) – The Baltimore Museum of Art (collection Cone), Baltimore

le Faune et la Nymphe
planche refusée
Henri Matisse

PROSE (POUR DES ESSEINTES)

Le souvenir de la végétation luxuriante de la Polynésie transparaît désormais dans toutes les compositions de l'artiste. L'impression saisissante que Matisse ressentit au cours de son voyage se retrouve ici dans le rapport de proportions entre la figure et la plante. Contre toute attente, Matisse peignit peu dans ce paradis, comme il l'écrivit à Bonnard: «Ai vu toutes sortes de choses. Vous raconterai ça. Ai vécu 20 jours dans ‹île de corail›; lumière pure, air pur, couleur pure: diamant saphir émeraude turquoise. Poissons mirobolants. N'ai absolument rien fait, excepté mauvaises photos.»[64] En effet, Matisse s'était acheté avant son voyage un nouvel appareil de photo, mais il ne s'en servit guère. «Quand j'ai vu toute cette beauté, je me suis dit: je ne vais tout de même pas réduire toute cette beauté à cette petite image; ça ne serait pas la peine. J'aime mieux la garder en moi. Parce qu'après quelques années, je n'aurais plus eu que ça, tout serait remplacé, limité à ce petit document.»

Matisse prit conscience, avec une étonnante acuité d'esprit, du danger que représentait la photo comme support de souvenirs, et du risque qu'elle entraînait au niveau de la fidélité de sa propre mémoire. Pourtant ces quelques «mauvaises photos» nous révèlent à la fois la vision de l'artiste et les émotions qu'il dut ressentir. Elles ne furent montrées au public que récemment, dans l'exposition *Matisse et Tahiti* qui eut lieu à Nice en 1986. Elles nous montrent des aperçus de végétation luxuriante, tels que Matisse dut les surprendre au cours de ses promenades. Elles viennent compléter ses propres descriptions: «Dans le jardin, caladiums, canas, fougères extraordinaires, arbres magnifiques. [...] Tout ça forme un paradis terrestre qu'on ne peut imaginer. Les cocotiers élégants et les cocotiers bas. L'ensemble de leurs feuillages est soyeux. C'est beau, beau, beau...»[65] Les palmiers gigantesques se métamorphosent ici en plantes de nos climats, mais leur représentation reste empreinte des dimensions inhabituelles et de cet espace qui marquèrent si profondément Matisse.

Pour des Esseintes III – 1931-1932 – Mine de plomb – Etude pour *Prose (pour des Esseintes)*, dans les *Poésies* de Stéphane Mallarmé – 32,4 × 25,8 cm – The Baltimore Museum of Art (collection Cone), Baltimore

68
1931-1932 – Eau-forte – Illustration pour les *Poésies* de Stéphane Mallarmé

LA CHEVELURE

C'est le texte même de Mallarmé «La chevelure vol d'une flamme» (dans *Le Faune*) qui correspond sans doute le mieux à l'image qui inspira ici Matisse. Mallarmé semble avoir à nouveau éveillé en l'artiste ses souvenirs de Tahiti, comme l'attestent de nombreux dessins de femmes aux longs cheveux libres et déliés. Semblables aux tentacules d'une méduse, ils envahissent toute la surface de la planche de leurs lignes décoratives, simples et rythmées, qui semblent s'échapper jusqu'à l'infini et vouloir envelopper le spectateur de leurs mèches folles. Avec une saisissante économie de moyens, Matisse sut rendre ici une plénitude, un volume, un espace et un mouvement qui dépassent les limites mêmes de la planche. On ne peut que penser ici aux figures du Jugendstil, à Klimt, au *Péché* de Munch, mais surtout à l'abondante chevelure lumineuse du beau modèle de Courbet, l'Irlandaise Jo. Matisse connaissait bien ces tableaux qu'il avait vus aussi à l'exposition Courbet de 1929 (Paris, Petit Palais). Il possédait même l'un d'eux, *Femme endormie aux cheveux roux* (1864, étude de détail pour le *Réveil*), qu'il avait prêté pour l'exposition. Sur cette toile, les cheveux roux enveloppent de leur rythme ondoyant la tête du modèle et répandent leur masse soyeuse sur le lit où repose la figure.

Ce sont précisément ces images assimilées par l'esprit de Matisse qui ressurgissent ici et le guident dans son activité créatrice. «Il est agréable de voir un bon poète transporter l'imagination d'un artiste d'une autre sorte et lui permettre de créer son propre équivalent de la poésie. L'artiste plastique, pour tirer le meilleur parti de ses dons, doit veiller à ne pas adhérer trop servilement au texte. Au contraire il doit travailler librement, sa propre sensibilité s'enrichissant au contact du poète qu'il s'apprête à illustrer.» Matisse nous explique lui-même comment il procédait pour l'illustration de ses livres: «Des eaux-fortes d'un trait régulier, très mince, sans hachures, ce qui laisse la feuille imprimée presque aussi blanche qu'avant l'impression. Le dessin remplit la page sans marge, ce qui éclaircit encore la feuille, car le dessin n'est pas, comme généralement, massé vers le centre mais rayonne sur toute la feuille.»

69
1931-1932 – Eau-forte – Illustration pour *Plusieurs sonnets,* dans les *Poésies* de Stéphane Mallarmé

LES FLEURS

«Un jour, je dessinais les lys (pour le Mallarmé) et je dessinais sans trop savoir ce que je faisais. A ce moment, Pierre sonne à la porte. Je lui crie: N'entre pas, va-t-en, reviens plus tard. Parce que la moindre distraction peut tout empêcher. Et quand c'est fini, je m'aperçois que ce que j'ai fait, ce sont ces clématites qui n'ont aucun rapport avec les lys, mais qui sont les clématites de la haie de mon jardin à Issy et que je portais en moi depuis des mois sans le savoir.»

Ces moments où des images intérieures, enfouies sous d'autres souvenirs, surgissent dans l'esprit de l'artiste et prennent forme sur le papier sont rares et éphémères. Matisse savait qu'il s'agissait là d'instants privilégiés, parmi les plus productifs de son activité créatrice. Il avait aussi atteint un niveau dans son art qui lui permettait de créer à partir de formes mémorisées, sans l'aide d'un modèle concret. Cette liberté lui inspira ici des fleurs qui s'unissent en un ensemble décoratif, tout en conservant leur existence propre par leurs formes différentes. Matisse avait trouvé une formule pour une fleur bien particulière, mais l'avait aussitôt libérée de tout statisme formel en variant et nuançant à l'infini son schéma directeur. Ce sont ces variations sur un thème qui se jouent ici et qui conduisirent l'artiste à cette conviction: «Les feuilles d'un arbre – dans le figuier particulièrement –, la grande différence de formes qui existe entre elles n'empêche pas leur réunion à un caractère commun. Les feuilles de figuier dans toutes les fantaisies de leurs formes restent bien des feuilles de figuier.» Matisse rechercha tout au long de sa vie ce «caractère commun» des choses, ces traits essentiels qui les unissent ou les distinguent. La nature lui offrait chaque jour le spectacle de ses formes, qui le conduirent encore, dix ans plus tard, à imaginer les motifs végétaux multicolores de ses gouaches découpées.

Les Glaïeuls – 1931-1932 – Plume – Etude pour *Les Fleurs,* dans les *Poésies* de Stéphane Mallarmé – 25 × 32,5 cm – The Baltimore Museum of Art (collection Cone), Baltimore

Les Lys – 1931-1932 – Plume – Etude pour *Les Fleurs,* dans les *Poésies* de Stéphane Mallarmé – 32,6 × 25,2 cm – The Baltimore Museum of Art (collection Cone), Baltimore

70
1931-1932 – Eau-forte – Illustration pour les *Poésies* de Stéphane Mallarmé, 6e gravure du bon à tirer – The Baltimore Museum of Art (collection Cone), Baltimore

Bon à tirer
Henri Matisse

POLYPHÈME

A peine Matisse avait-il achevé les grands panneaux de la Barnes Foundation et les illustrations des poèmes de Mallarmé, que l'éditeur américain George Macy lui adressa une nouvelle commande de livre. Il s'agissait cette fois d'illustrer *Ulysses* de James Joyce. Ne connaissant pas ce roman, Matisse demanda l'aide de ses fidèles amis anglais Simon et Dorothy Bussy, qui habitaient non loin de lui à Roquebrune. Il put ainsi avoir rapidement un aperçu de cette œuvre complexe et accepter la proposition de l'éditeur. C'est surtout l'analogie avec l'*Odyssée* d'Homère qui l'attirait dans ce travail, mais, avant d'aborder les illustrations, il préféra s'assurer de l'accord de l'écrivain. Il put ainsi écrire à Bussy:

«Nous sommes tout à fait d'accord sur le caractère que je veux donner à l'illustration, j'ai même eu son approbation sur la composition générale du livre que j'ai conçue. [...] Je travaille le Cyclope *Ulysse lui crève l'œil.* [...] je crois que le dessinateur doit laisser le pas au littérateur et à la typographie qu'il peut d'ailleurs choisir pour ses gravures — autrement il serait par trop modeste. C'est un peu le rôle du deuxième violon dans un quatuor, excepté que le deuxième violon répond au premier violon et que, dans mon cas, je fais chose parallèle au littérateur mais dans un sens un peu décoratif.»

Illustrer signifiait pour Matisse s'adapter, d'autant plus que le texte de Joyce n'évoquait pas en lui les même associations picturales que les poèmes de Mallarmé. Matisse se trouva transporté dans sa jeunesse et, parmi les images ressurgies dans sa mémoire, son choix se porta sur l'épisode du Cyclope, scène de combat représentative qui constituait néanmoins une exception dans l'œuvre de l'artiste. La planche présentée ici ne fut pas retenue. Cette variante ne présente pas en effet cette violence dramatique que Matisse semblait chercher et qu'il imprima à sa version définitive. Le Cyclope fait preuve encore d'une certaine maladresse, et le coup du courageux Ulysse n'a pas encore la conviction qu'on attendrait. Dans la version définitive, Matisse accentua le côté dynamique, animant les deux corps d'une puissante tension: c'est avec toute sa force qu'Ulysse plonge le pieux dans l'œil du Cyclope qui se cabre de douleur dans un sursaut d'une violence extrême. Ici encore, Matisse intensifia l'expression dramatique de sa composition par la simplification de son sujet. En excluant les mains et les pieds du géant du cadre de la feuille, Matisse facilite la lecture de la scène et confère à sa figure une force extraordinaire qui semble s'exercer au-delà de la planche. On retrouve ici le génie des solutions picturales de Matisse qui provoquent sans cesse notre surprise et notre admiration.

Polyphème – 1934 – Vernis mou – Pl. 205 – 28,4 × 22,5 cm – Duthuit n° 239 – Bibliothèque nationale, Paris; épreuve d'artiste

71
1934 – Vernis mou – Pl. 205 bis (planche non utilisée pour les illustrations d'*Ulysses* de James Joyce) – 28,5 × 22,3 cm – 10 épreuves d'artiste sur vélin d'Arches, 1 épreuve d'essai à la Bibliothèque nationale, signée, sur vélin rogné – Duthuit, tome I, p. 184 – Bibliothèque nationale, Paris

Le livre *Ulysses* de James Joyce, publié à New York en 1935 par G. Macy, fut tiré à 1500 exemplaires pour «The Limited Editions Club».

ITHAQUE

Les pures représentations de paysages sont rares dans l'œuvre gravé de Matisse et apparaissent ici comme un symbole du pays natal où chaque homme sent plonger ses racines les plus profondes. Parmi les épisodes choisis par l'artiste pour l'illustration d'*Ulysse*, celui-ci est le dernier de l'épopée d'Homère (les autres étant Calypso, Nausicaa, Circé, Eole et Polyphème). L'ensemble ne comporte que six gravures, mais Matisse en augmenta l'aspect ornemental en adjoignant à chaque version des fac-similés de dessins préparatoires tirés alternativement sur papier bleu et jaune. Matisse renforça ainsi la puissance évocatrice de ses illustrations, devenues la traduction visible du contenu dramatique du texte. A la place de la lithographie prévue à l'origine, l'artiste utilisa ici le procédé du vernis mou qui lui permettait des effets picturaux plus subtils.

Le tirage des épreuves fut à nouveau un travail de longue haleine, d'autant que Matisse contrôlait avec soin les résultats obtenus. Il écrivit à Bussy: «J'ai perdu trois semaines chez le lithographe imbécile qui m'a laissé travailler avec des matières qu'il ne connaissait pas. J'ai fait trois pierres. La 1re insignifiante, la seconde n'est pas venue et la 3e venue toute noire. Je m'en suis tiré en faisant des clairs avec l'acide et en gravant dans la pierre pour faire des traits blancs. [...] J'ai donc abandonné la pierre pour le cuivre et j'ai fait la gravure au vernis mou. [...] J'ai trouvé mon procédé et ça ira. J'ai une chose différente de celle de Mallarmé mais qui a une autre qualité, très savoureuse.»

Ithaque devient ici un chemin traversant un paysage extrêmement stylisé. A l'origine, les formes ovoïdes apparaissant en clair sur les côtés étaient des blocs de pierre et le charmant paysage d'arbres et de buissons, un sous-bois ponctué de troncs d'arbres. Le cadre assez austère des premières versions se transforma ici en un parc paisible. La perspective offerte par le chemin se trouve coupée par une porte, symbole tangible de la proximité de la civilisation.

72
1934 – Vernis mou – Pl. 206 (épreuve d'artiste de la dernière des six illustrations pour *Ulysses* de James Joyce, New York, G. Macy, 1935) – 28,5 × 22,3 cm – 10 épreuves d'artiste numérotées, signées, sur vélin d'Arches – Duthuit n° 240 – Bibliothèque nationale, Paris; épreuve d'artiste

«FÉE AU CHAPEAU DE CLARTÉ» – SOUVENIR DU «MALLARMÉ»

Parallèlement aux illustrations des poèmes de Stéphane Mallarmé, Matisse réalisa aussi cette eau-forte inspirée de ces vers d'*Apparition*: «Quand avec du soleil aux cheveux, dans la rue et dans le soir, tu m'es en riant apparue et j'ai cru voir la fée au chapeau de clarté.»[66] C'est avec une maîtrise stupéfiante que Matisse grava dans le cuivre ce visage d'icône. On ne discerne presque aucun raccord, les lignes sont étonnamment régulières, comme tracées d'un seul jet, et les cercles se referment avec une telle facilité qu'ils semblent ignorer la résistance du matériau. Grâce au procédé utilisé, les lignes sont d'une finesse extrême et nous frappent par leur netteté. Le visage harmonieux, d'une classique beauté, est empreint d'une sérénité infinie que vient encore renforcer son regard anonyme. Ce choix de l'artiste est, selon ses propres mots, ce «qui me permet le mieux d'exprimer le sentiment pour ainsi dire religieux que je possède de la vie. [...] Une œuvre doit porter en elle-même sa signification entière et l'imposer au spectateur avant même qu'il en connaisse le sujet. Quand je vois les fresques de Giotto à Padoue, je ne m'inquiète pas de savoir quelle scène de la vie du Christ j'ai devant les yeux, mais de suite, je comprends le sentiment qui s'en dégage car il est dans les lignes, dans la composition, dans la couleur, et le titre ne fera que confirmer mon impression.» Ces mots, prononcés par Matisse en 1908, alors qu'il avait trente-huit ans, se trouvent concrétisés dans cette eau-forte réalisée à soixante-quatre ans, et se verront encore illustrés d'une manière magistrale dans la chapelle de Vence conçue par l'artiste à quatre-vingts ans.

Cette fée était une jeune Russe, Lydia Delektorskaya. Orpheline, elle émigra en France et, après un mariage de courte durée avec un Russe immigré, elle arriva à Nice en 1932, sans aucune fortune. Matisse l'engagea dans son atelier afin qu'elle l'aide dans la réalisation de ses décorations monumentales pour les Etats-Unis. A partir de 1933, elle s'occupa entièrement d'Amélie Matisse et resta vingt-deux ans auprès de l'artiste, jusqu'à sa mort. Elle racontera toute cette expérience dans un ouvrage paru en 1986. Modèle principal de Matisse de 1934 à la guerre, elle fut à même de nous offrir une documentation extrêmement précieuse et des informations d'ordre chronologique, tout en nous permettant aussi de pénétrer dans l'intimité de l'atelier de l'artiste.

Dans les années quarante, elle s'occupa de Matisse malade, faisant un travail de secrétaire, recherchant de nouveaux modèles et du matériel de travail, tout en prenant soin de préserver la santé de l'artiste: «Lydia jouait, avec juste raison, le rôle d'un cerbère ménageant le plus possible les dernières forces de son ‹patron›. [...] Cette femme [...] fut totalement dévouée à Matisse», racontera avec admiration le lithographe Charles Sorlier[67].

Cette eau-forte fut précédée d'un dessin au crayon détaillé et nuancé de nombreuses demi-teintes. On sent que l'artiste était fasciné par les longs cheveux de son modèle et que, porté par son enthousiasme, il les rallongea encore comme autrefois dans les œuvres inspirées par Antoinette et Lorette. Lydia se souvient: «La veille de chaque séance je devais les tresser de même, afin que leur ondoyement fut identique et se place de même par rapport au visage.»[68]

73
1933 (d'après Lydia Delektorskaya 27 mars 1934) – Pointe sèche – Pl. 211 – 36,6 × 32 cm – 5 épreuves d'état, 25 épreuves numérotées, signées, sur Chine appliqué – Duthuit n° 234 – Bibliothèque nationale, Paris

Henri-Matisse
24/25

JEUNE FILLE S'APPUYANT SUR LE DOSSIER D'UNE CHAISE

Lorsque Lydia Delektorskaya entra dans le foyer des Matisse en 1933, il semble que l'artiste ne l'ait pas considérée tout de suite comme un modèle éventuel[69]: «Henri Matisse ne me prêtait guère d'intérêt. Il vivait absorbé par son travail; moi, j'étais ‹une utilité› dans la maison, il paraissait surtout un peu dérouté par la présence dans leur famille très française d'un spécimen de la fameuse ‹âme slave›.» Pourtant, quelque temps plus tard, elle sentit peser sur elle «un regard lourd et scrutateur». Elle avait compris peu à peu qu'elle ne correspondait pas exactement au modèle type de Matisse: «La plupart des modèles qui l'avaient inspiré étaient des Méridionales. Or j'étais une blonde, très blonde.» Etait-ce la «fée de clarté» de Mallarmé qu'il découvrait brusquement en elle? D'après les notes de Lydia, c'était surtout une de ses attitudes particulières qui fascinait Matisse: «Ne bougez pas! – Et ouvrant son cahier, il me dessina, fixant une pose qui m'était familière: la tête couchée sur les bras croisés, appuyés sur le dossier du siège.»

C'est une version de cette pose que nous retrouvons ici dans cette petite eau-forte poétique témoignant d'une déformation expressive dans la position du bras du modèle. Elle apparaît comme une variante des importantes compositions du *Nu rose assis* (1936) et des *Yeux bleus* (1935; Baltimore Museum of Art). Lydia devint ainsi le modèle principal des années trente et, muse blonde, inspira à l'artiste de nouvelles harmonies de couleurs et des nus allongés qui, par leurs positions sensuelles, rappellent une Danaé de Titien, une Odalisque d'Ingres ou une Dormeuse de Courbet. Pourtant, malgré la sensualité de leur thème, ces compositions sont clairement structurées, et témoignent d'une construction architectonique et rythmée, tout en faisant preuve d'un haut degré d'abstraction.

Les quelques estampes de cette époque sont à mettre en parallèle avec des versions peintes dont elles reflètent les mêmes poses, assises ou couchées; ces eaux-fortes de petit format, réalisées semble-t-il rapidement, sont toutes des œuvres uniques d'une grande spontanéité.

Matisse devait surtout dessiner, au crayon, à la plume ou à la craie, sans toutefois avoir l'intention d'imprimer ces œuvres. Tous ces dessins témoignent de la lutte de l'artiste pour la possession du rythme formel de son modèle Lydia et pour la maîtrise de ces formes qu'il traduisait en un ensemble logique de signes expressifs. On décèle ici un étonnant parallèle avec l'œuvre gravé de Picasso. Il est particulièrement manifeste dans la suite de Vollard, *L'Atelier du sculpteur* (1930/1937), tant au niveau du thème – l'artiste et son modèle – qu'au niveau de la disposition, simple et statique. De même, les allongements et les torsions des modèles représentés dans certains dessins à la plume de Matisse rappellent les saisissantes minotauromachies de Picasso.

74
1934-1935 – Eau-forte – Pl. 218 – 14,8 × 11,1 cm – 5 épreuves d'artiste, 25 épreuves numérotées, signées, sur Chine appliqué – Duthuit n° 243 – Bibliothèque nationale, Paris

25/₂₅ Henri-Matisse

LYDIA

D'après Lydia Delektorskaya, la dépendance de l'artiste vis-à-vis de ses modèles s'exprimait aussi à travers la générosité dont il faisait preuve au niveau de leurs besoins matériels. «J'ai besoin pour mon travail de pouvoir compter sur quelqu'un de bien portant»[70], aurait-il dit, remboursant aussi bien friandises qu'éventuelles ordonnances médicales. Il payait généreusement ses modèles: «Il trouvait un détour pour que l'argent qu'il offrait ne soit ni une prodigalité ni une aumône dégradante, mais une attention bien justifiée.» Matisse voulait des modèles épanouis et détendus, mais exigeait qu'on lui consacrât un temps infini. Il faisait tout pour prévenir endormissements ou passivité, prenant soin d'entretenir l'intérêt porté par le modèle à son œuvre: il offrait par exemple à Lydia des photos de «ses» tableaux (ou de leurs différents états), lui faisait noter des réflexions sur l'art, tout en lui demandant de l'aider à l'atelier. Il créait ainsi une solide base de travail. Le modèle à son tour observait l'artiste: «Son chevalet empiétant presque sur son sujet, il peignait en général assis à même pas deux mètres de ce dernier, comme pour être immergé dans son atmosphère», ou encore, «s'il lui arrivait de porter quelques rectifications sur le tableau en l'absence du modèle, avant de rendre son remaniement définitif, il attendait de revoir son sujet dans la réalité.»

Cette relation directe et cette proximité étaient déterminantes pour la nature même de son travail. La puissance de nombre de ses œuvres reposait en effet sur un rapprochement physique entre l'artiste et l'objet: «Un gâteau vu à travers une vitrine ne vous fait pas saliver comme quand, entré dans la boutique, vous avez le nez dessus», avait-il coutume de dire. Ces conditions étaient nécessaires pour libérer cet élan créateur que Matisse définissait aussi, dans l'introduction à *Portraits* (1954), comme une «interprétation sentimentale qui fait sentir à chacun la chaleur du cœur de l'autre, et dont l'aboutissement sera la conclusion du portrait en peinture ou bien la possibilité d'exprimer en des ‹dessins rapides› ce qui m'est venu du modèle».

Cette conception permettait à l'artiste d'interpréter avec plus de liberté et plus de sentiment l'objet ainsi rapproché, et le garantissait contre une reproduction stéréotypée. Elle exigeait cependant une grande habitude dans cette lecture de l'objet et une concentration intense qui devait parfois se décharger, comme nous le rapporte Lydia non sans humour: «Et ça pestait! pendant cette sorte de travail. Lui-même n'entendait pas ses invectives; mais s'il s'en avisait il s'en excusait auprès du modèle. Ce qui ne l'empêchait pas d'oublier aussitôt sa présence: le modèle redevenait simplement un com-posant de son problème.» Le Père Couturier confirma également cet état de concentration dans ses souvenirs[71]: «Une atmosphère de salle d'opération. Lydia au chevet du lit [Matisse, âgé, était alité à la suite d'une grave opération], tenant tel ou tel instrument, un flacon d'encre de Chine, le papier, disposant la table mobile. Et lui, sans un mot, dessinant, sans aucune espèce d'agitation mais dans cette extrême immobilité, une extrême tension.»

75
1947 – Lithographie – Pl. 291 – 32,4 × 22 cm – 2 épreuves d'essai, 5 épreuves d'artiste, 25 épreuves numérotées, signées, sur Marais – Duthuit n° 627 – Bibliothèque nationale, Paris; épreuve d'artiste

H Matisse
ep d'artiste 2/5

LA CITÉ, NOTRE-DAME

Il ne s'agit plus ici de la vision frontale offerte du quai Saint-Michel, mais de celle que l'on surprend un peu plus loin, à hauteur du quai Montebello. Les paysages sont rares dans l'œuvre gravé de Matisse et correspondent souvent à une commande ponctuelle ou à une occasion particulière, comme ici l'Exposition internationale de 1937. Matisse grava directement sur la plaque le spectacle offert à ses yeux, ne se préoccupant guère de l'inversion de l'image à l'impression. La liberté et l'aisance acquises les dix dernières années dans la technique de l'eau-forte – aussi bien au niveau du tracé même de la ligne qu'au niveau de la conception d'ensemble – apparaissent nettement lorsqu'on compare cette composition avec les eaux-fortes du *Pont Saint-Michel*, réalisées en 1927 (cat. Duthuit 107 et 108). La reproduction du paysage sur un seul plan, sans perspective, le rapprochement saisissant de l'objet comme sous l'effet d'un zoom, ainsi que l'association décorative d'éléments végétaux et architecturaux témoignent ici de principes analogues à ceux que Matisse appliquait dans ses intérieurs et natures mortes.

Le nombre d'expositions qui se succédèrent dans les années trente confortèrent sans doute de façon non négligeable la réputation aussi bien de Matisse que de Picasso. Durant l'été 1931, le public parisien put voir pour la première fois, Galerie Georges Petit, une vaste rétrospective du maître. D'autres rétrospectives eurent lieu à Berlin, Bâle et New York. Suivirent ensuite plusieurs expositions, en 1936 et 1937 chez Paul Rosenberg à Paris, en 1936 aux Leicester Galleries à Londres (dessins et estampes), en 1937 à la Galerie Rosengart à Lucerne, en 1938 enfin à New York, mais cette fois chez Pierre Matisse. Le fils de l'artiste avait en effet ouvert sa propre galerie en 1931 et pouvait ainsi faire connaître en Amérique de nombreux jeunes artistes européens. En outre, le dynamisme des nouvelles revues d'art contribua aussi à sensibiliser le public à l'actualité artistique et aux mouvements d'avant-garde, malgré les difficultés inhérentes à la crise économique et financière des années trente. Pourtant, les jeunes artistes ne manquèrent pas de ressentir durement les répercussions de la baisse du dollar. «Le peintre n'était plus un invité désirable ni un convive apprécié et on fuyait les visites dans les ateliers de peur d'être obligé d'acheter une toile ou un dessin.»[72]

A près de soixante-dix ans, si Matisse était à l'abri de ces soucis matériels, il était toujours préoccupé par le renouvellement constant de son art et veillait à entretenir sans cesse l'élan et le dynamisme de sa créativité. Le critique d'art Roger Fry porta en 1931 sur Matisse un jugement d'une grande justesse: «Matisse n'a jamais je crois daigné s'amuser à jouer le rôle trop facile de mystificateur. Il

est bien trop sincère pour cela. Cette sincérité, il l'a prouvée de nombreuses fois par son désir clairement exprimé de ne pas exploiter ses propres succès. Matisse s'est toujours montré disposé à se juger lui-même. A n'importe quel moment, il est capable de tourner le dos à ce qu'il a fait et de refuser de suivre la loi du moindre effort.»[73]

76
1937 – Eau-forte – Pl. 219 – 36,7 × 28,8 cm – 5 épreuves d'essai sur Chine appliqué et sur vélin, signées dans le cuivre – Duthuit n° 248 – Bibliothèque nationale, Paris

Tirée à 500 exemplaires, cette gravure a été éditée par Daragnès pour la Ville de Paris lors de l'Exposition internationale de 1937.

LA BELLE TAHITIENNE

En 1938, Matisse réalisa une série de linogravures représentant des portraits de femmes, qui témoignent tous d'une certaine dureté et d'une certaine agressivité par le seul contraste violent entre la ligne d'un blanc éclatant et le fond noir. Malgré leurs dénominations et leurs titres différents, elles ne sont souvent que des variantes d'un même type de femme aux traits marqués et aux cheveux déliés. D'aspect libre et spontané, ces portraits sont souvent agrémentés d'accessoires décoratifs comme la guirlande, souvenir de Tahiti, qui orne ici le cou de la belle Tahitienne. «Les filles de Tahiti conservent leur nature sauvage et ignorante sous leurs modes fragiles de Paris», commentait Matisse.

L'originalité de ce portrait réside dans la distribution des motifs traités sur un plan unique – étoiles, bandes, fleurs, formes géométriques – auxquels s'ajoutent les traits même de la figure – yeux, bouche et cheveux ondoyants – devenus eux aussi éléments du décor qui emplit la feuille. Il n'y a plus de hiérarchie entre les motifs, seul le rapport entre eux est important et détermine la valeur artistique de la composition, comme Matisse l'expliquait à Tériade en 1936: «Vous pouvez changer les rapports en modifiant la quantité des éléments sans changer leur nature.» Bien que cette règle s'appliquât aux éléments chromatiques, elle trouve dans notre contexte une illustration encore plus pure et plus sensible. Aucune gradation picturale ne pouvait intervenir ici; seuls comptent ligne, la taille et les espaces laissés à nu. Matisse leur attribue le même rôle que dans les illustrations des poèmes de Mallarmé, même si les valeurs noires et blanches sont ici inversées. Les lignes et leurs interstices forment différents pattern qui se distinguent par l'épaisseur et la densité du trait et qui, par la seule combinaison de leurs formes, définissent et animent l'ensemble de la composition. Cette conception de l'image revêt plus d'importance qu'on ne le supposerait au premier abord, comme le soulignait lui-même Matisse: «Faire un tableau paraîtrait aussi logique que de construire une maison si on marchait avec de bons principes. Le côté *humain* on ne doit pas s'en occuper. On l'a ou on l'a pas. Si on l'a, il colore l'œuvre malgré tout.»

77
1938 – Linogravure – Pl. 255 – 28 × 19,8 cm – 1 épreuve d'essai sur Rives, 5 épreuves d'artiste, 25 épreuves numérotées, signées, sur vélin G. Maillol – Duthuit n° 717 – Bibliothèque nationale, Paris

LA SIESTE

La période intensive de dessin qui s'étendit de 1938 à 1943 fut marquée par une étonnante recherche d'abstraction et de réduction des formes. Matisse écrivait le 13 janvier 1940 à Bonnard: «Je suis paralysé par je ne sais quoi de conventionnel qui m'empêche de m'exprimer comme je le voudrais en peinture. Mon dessin et ma peinture se séparent. J'ai le dessin qui me convient car il rend ce que je sens de particulier. Mais j'ai une peinture bridée par des conventions nouvelles d'aplats par lesquels je dois m'exprimer entièrement, de tons locaux exclusivement sans ombres, sans modelés, qui doivent réagir les uns sur les autres pour suggérer la lumière, l'espace spirituel. Ça ne va guère avec ma spontanéité qui me fait balancer en une minute un long travail parce que je reconçois mon tableau plusieurs fois au cours de son exécution sans savoir réellement où je vais, m'en rapportant à mon instinct. J'ai trouvé un dessin qui, après des travaux d'approche, a la spontanéité qui me décharge entièrement de ce que je sens, mais ce moyen est exclusivement pour moi, artiste et spectateur. Mais un dessin de coloriste n'est pas une peinture. Il faudrait lui donner un équivalent en couleur. C'est ce à quoi je n'arrive pas.»[74]

Comme souvent auparavant, la réduction des moyens représentait une étape positive pour l'artiste, qui semblait avoir trouvé dans le dessin des solutions simples et parlantes que lui refusait encore la peinture. A la fin des années trente, Matisse parvint, notamment en linogravure, à des réalisations saisissantes, représentations résumées d'objets devenus signes lumineux, symboles marquants et expressifs. Ces images anonymes et puissantes frappent par leur simplicité. La luminosité des lignes, vibrantes comme des tubes de néon, s'amplifie ici dans *La Sieste* en un flamboiement vespéral. Les extrémités de la figure et ses traits individuels, comme les yeux, le nez et la bouche, sont exclus de la composition: ils ne pourraient qu'entraver la course de la ligne et détourner inutilement l'attention du spectateur. Oisiveté, délassement et calme émanent de cette figure, reflet des images paradisiaques d'un âge d'or: «Tahiti [...] dans cette île il n'y avait pas de soucis [...] aucun ennui. [...] Là-bas le temps est beau dès le lever du soleil et demeure inchangé jusqu'au soir. Un bonheur à ce point immuable est lassant.»

Matisse était conscient du charme séducteur de cet univers et, s'il put en rendre compte avec sa propre magie, c'est parce qu'il restait lui-même prisonnier des soucis et contraintes terrestres et par là même habité de rêves. Il avait réalisé que ce paradis tahitien non seulement paralysait toute énergie au travail, mais anéantissait rêves, souhaits et regrets. «On ne peut pas vivre sans ennui. C'est la grande leçon que j'ai rapportée d'Océanie.» Matisse devenait ici à la fois magicien et prophète. Pourtant, ce n'était pas tant des considérations morales qui le préoccupaient: seul comptait pour lui le maintien des énergies intérieures, sources bien sûr de soucis et d'ennuis, mais aussi foyer de toute créativité.

78
1938 – Linogravure en noir et sanguine – Pl. 247 – 25,8 × 30,5 cm – 1 épreuve d'essai, 5 épreuves d'artiste, 25 épreuves numérotées, signées, sur vélin G. Maillol – Duthuit n° 706 – Bibliothèque nationale, Paris

Henri Matisse

15/29

CORBEILLE DE BÉGONIAS I

Qu'il s'agisse de fleurs en pot, de plantes ou de visages, Matisse cherchait toujours, avec les moyens les plus simples, à conférer à ses sujets présence et énergie intérieure. C'est la nature morte qui fut à l'origine de son art et, dès ses premières copies de maîtres, ses bouteilles, verres ou récipients présentaient déjà à la fois un étonnant éclat et un volume palpable. D'après Louis Aragon, Matisse aurait dit alors qu'il était encore l'élève de Gustave Moreau: «J'ai cru que je ne ferais jamais de figures, puis j'ai mis des figures dans mes natures mortes [...] un ensemble amoureux, un sentiment dans mes objets qui en faisait la qualité. C'est après avoir fait voir des objets de nature morte que j'ai pu faire voir la figure humaine.»

Enfant du Nord, Matisse doit sans doute ses premières inspirations aux tableaux hollandais qui éblouirent ses yeux par l'extraordinaire rendu de la matière même des choses. Les figures que Matisse plaçait dans ses intérieurs furent dès le début des composantes d'un ensemble d'objets, qui devaient leur valeur et leur éclat au seul génie de sa main. C'est ainsi que Matisse conseillera plus tard à ses élèves: «Dans la nature morte, copier les objets n'est rien; il faut rendre les émotions qu'ils éveillent en soi. L'émotion de l'ensemble, la corrélation des objets, le caractère spécifique de chaque objet – modifié par sa relation avec les autres – tout cela entremêlé comme une corde ou un serpent. [...] La nature morte est aussi difficile que l'antique et les proportions de ses diverses parties aussi importantes que celles de la tête ou des mains, par exemple, de l'antique.»

L'exemple présenté ici illustre parfaitement cette importance des proportions, du rapport entre les formes et les valeurs chromatiques qui déterminent l'œuvre de Matisse. En effet, la modification la plus infime porterait atteinte au caractère et à l'expansion spatiale de la corbeille de bégonias. Il en existe une deuxième version, légèrement différente, qui présente un ensemble plus compact et plus ferme (cat. Duthuit 719). Les petits motifs floraux qui ponctuent le quadrillage du fond atténuent le rapport objet-espace, amplifient le volume de la composition tout en donnant un mouvement souple au dessin.

Les plantes revêtaient désormais une grand importance pour l'artiste: ses ateliers de Nice et de Vence étaient peuplés de plantes à grandes feuilles et de pots de toutes sortes qui lui rappelaient sans cesse l'infinie variété de formes offertes par la nature et la richesse des possibilités artistiques qui en découlaient.

79
1938 – Linogravure – Pl. 257 – 20,1 × 23 cm – 7 épreuves d'essai, 5 épreuves d'artiste, 25 épreuves numérotées, signées, sur vélin G. Maillol – Duthuit n° 718 – Bibliothèque nationale, Paris

ÉTREINTE

Pourrait-on imaginer étreinte représentée d'une manière plus concise, plus abstraite et en même temps plus sensible?

A Nice, Matisse fit connaissance d'Henry de Montherlant, dont il exécuta le portrait. L'idée d'un travail en commun prit corps sous la forme des illustrations de *Pasiphaé, Chant de Minos (les Crétois)*, édité par Martin Fabiani en 1944 chez Fequet et Baudier. Matisse, qui devait rester alité à la suite d'une grave intervention, dessinait plus que jamais. Il considérait cette commande comme «son» second livre, car il y travailla à la fois le texte et l'image, qu'il s'efforçait d'équilibrer en un ensemble harmonieux. Ni *Ulysses*, ni les éditions ornées de frontispices ou de reproductions n'entraient véritablement dans sa conception du livre illustré. Ce nouveau travail le passionnait: «Un simple trait blanc sur fond absolument noir. Un simple trait, aucune hachure.» Aucun trait secondaire ne devait détourner l'attention du spectateur, concurrencer, interrompre ou souligner le tracé naturel des contours, supports à la fois de la forme, des volumes, du mouvement et de la lumière. La planche présentée ici répond exactement à sa déclaration, «Mon dessin au trait est la traduction directe et la plus pure de mon émotion», et aux conseils qu'il prodiguait à ses élèves: «Il faut toujours rechercher le désir de la ligne, le point où elle veut entrer ou mourir.»

On comprend ici pourquoi Matisse surveillait aussi scrupuleusement le tirage de ses œuvres, n'hésitant pas à anéantir tant d'études et d'ébauches. Cette attitude provenait de la fragilité et de la complexité extrêmes de ces lignes, auxquelles s'ajoutait encore le soin constant qu'il portait au respect du format imposé et à l'intégration harmonieuse des pages illustrées dans le texte. Il se posait lui-même la question: «Comment équilibrer la page noire du hors-texte avec la page relativement blanche de la typographie? En composant, par l'arabesque de mon dessin, mais aussi en rapprochant la page gravure de la page texte qui se font face de façon qu'elles fassent bloc. Ainsi la partie gravée et la partie imprimée portent en même temps sur l'œil du spectateur.» Matisse ajouta encore quelques notes rouges au texte pour rompre le «caractère un peu sinistre du livre noir et blanc».

Cet ouvrage prit à l'artiste «dix mois de travail à pleines journées» et lui permit de se familiariser avec la linogravure, technique qu'il avait peu utilisée jusqu'alors. Il comparait ce moyen «à celui du violon avec son archet: une surface, une gouge – quatre cordes tendues et une mèche de crins. La gouge, comme l'archet, est directement en rapport avec la sensibilité du graveur. Et c'est si vrai que la moindre distraction pendant le tracé d'un trait entraîne involontairement une légère pression des doigts sur la gouge et influence le trait malencontreusement. De même il suffit de serrer un peu plus les doigts qui tiennent l'archet du violon pour que le son change de caractère – de doux il devient fort.» Pour décrire sa conception du livre illustré, Matisse avait encore recours au vocabulaire musical: «Le dessin doit être un équivalent plastique du poème. Je ne dirai pas: 1er violon et 2e violon, mais un ensemble concertant.»

80
1941 et 1943 à Nice – Linogravure – Pl. 355 – 24,2 × 17,2 cm –
1 épreuve d'artiste à la Bibliothèque nationale, Paris, sur vélin (d'Arches?)
– Bibliothèque nationale, Paris; épreuve d'artiste

Illustration pour *Pasiphaé* de Henry de Montherlant, Paris, Martin Fabiani, 1944, 250 exemplaires, 18 gravures sur linoléum hors texte.

ép. d'artiste

H. Matisse

GRAND MASQUE (1944)
AUTOPORTRAIT (1944)
AUTOPORTRAIT (1946)
AUTOPORTRAIT (1951)

Matisse réalisa entre 1944 et 1951 huit autoportraits lithographiés dont les contours simples font parfois penser à des caricatures. On s'imagine ici l'artiste face à son reflet dans la glace, observant son visage, tendant et modifiant tour à tour son expression pour en parfaire la lecture et l'interprétation. Matisse se trouvait devant un homme de soixante-quinze ans, «resté très jeune en somme et très Français», pour reprendre les mots de Pierre Courthion[75]. Le photographe Brassaï se rappelle l'impatience de Matisse attendant son portrait, visiblement inquiet de la physionomie que lui révèleraient ses clichés[76]: «Je suis un homme gai, joyeux même. [...] Or j'ai une mine rébarbative. [...] On me prend toujours pour un professeur morose. [...] J'ai l'air d'une vieille barbe.» Et Brassaï confirmait lui-même: «Et c'était vrai. Matisse était jovial. Pourtant le rire ne lui allait pas. Il le défigurait. Il se cherchait dans ses portraits et s'y retrouvait difficilement; sévères, ils démentaient sa nature; riants, ils le caricaturaient. Juste un soupçon de sourire devait éclairer son visage.»

Ces différentes versions révèlent combien la quête de son identité semblait difficile à l'artiste. Voulant en envoyer un exemplaire à son fils Jean, il porta lui aussi son choix sur une version légèrement souriante. Cette préoccupation de l'artiste apparaît ici dans toute sa sincérité et peut-être aussi nous console-t-elle, révélant que même un grand peintre peut se trouver aux prises avec sa propre physionomie et s'inquiéter de l'aspect qu'il offre à son entourage. Le pauvre Matisse vécut une expérience plus éprouvante encore lorsqu'il dut regarder un film tourné sur lui-même[77]: «J'ai été bouleversé par le ralenti. [...] quelle chose étrange! Soudain, on voit le travail de la main tout à fait instinctif, surpris par la caméra et décomposé. [...] Cette séquence m'a consterné. [...] Je me suis demandé tout le temps: ‹Mais est-ce bien toi qui fais ça? Que diable puis-je faire en ce moment?› J'ai été sans aucun repère. [...] Je ne reconnaissais ni ma main ni ma toile. [...] Et anxieux je m'interrogeais: ‹Va-t-elle s'arrêter? va-t-elle continuer? Quelle direction va-t-elle prendre?› J'ai été stupéfié de voir ma main continuer encore et encore jusqu'à un point final. [...] D'habitude, lorsque j'entame un dessin, j'ai le trac, sinon l'angoisse. Mais je n'ai jamais eu autant la frousse qu'on voyait au ralenti ma pauvre main aller à l'aventure, comme si j'avais dessiné les yeux fermés.» Brassaï nota cette scène en décembre 1946. Il s'agissait d'un film documentaire tourné la même année par le cinéaste François Campaux avec un commentaire de Jean Cassou. Contrairement à Picasso, Matisse s'était montré très coopérant et même extrêmement fasciné par cette expérience.

Matisse. Vers 1940-1941. Photographie d'Hubert de Segonzac. Nice, Musée Matisse

Matisse. Photographie de Rémy Duval. Nice, Musée Matisse

81 I
1944 – Lithographie – Pl. 336 – 35,2 × 25 cm – 2 épreuves d'essai, 15 épreuves d'artiste, 50 épreuves numérotées, signées, sur Annam appliqué – Duthuit n° 562 – Bibliothèque nationale, Paris; épreuve d'artiste

81 II
1944 – Lithographie – Pl. 379 – 38,5 × 24 cm – 2 épreuves d'essai, 6 épreuves d'artiste, 25 épreuves numérotées, signées, sur vélin d'Arches – Duthuit n° 563 – Bibliothèque nationale, Paris

81 III
1946 – Lithographie – Pl. 286 bis – 24,4 × 10,7 cm – 5 épreuves d'artiste, 12 épreuves numérotées, signées, sur Chine appliqué – Duthuit n° 579 – Bibliothèque nationale, Paris; épreuve d'artiste

81 IV
1951 – Lithographie – Pl. 343 – 31 × 21,2 cm – 1 épreuve d'essai, 10 épreuves d'artiste, 50 épreuves numérotées, signées, sur Annam appliqué – Duthuit n° 635 – Bibliothèque nationale, Paris

I

II

III

IV

HENRI MATISSE, MASQUE (1945)

L'ensemble de l'œuvre gravé de Matisse nous conduit de son premier autoportrait interrogateur, exécuté au début de sa carrière d'artiste, à ce masque au fin sourire, réalisé à la fin de sa vie. Matisse ne semble pas vieilli, son activité le maintenant visiblement en bonne condition. Pourtant le côté professeur reste encore sensible. Pierre Courthion brossa en ces mots le portrait de l'artiste tel qu'il apparaissait en 1942[78]: «L'œil, c'est avant tout ce que je me rappelle – clair. Un regard bleu vous observe et vous dissèque à travers les lentilles des lunettes et, si le courant n'a pas passé, rentre en lui-même comme la trompe d'un insecte qui a pompé son suc. Le nez, assez fort dans le bout, aux ailes charnues et bien gonflées n'est pas tout à fait dans l'axe de l'oreille dont le lobe descend rosé, curieusement compact, vers les premiers poils de la barbe. Un léger duvet estompe le contour du crâne. Matisse ferait penser à quelqu'un de ces philosophes grecs, dont nous avons copié les moulages à l'Ecole des Beaux-Arts, si sa vivacité ne tranchait aussi fortement avec l'exsangue immobilité du plâtre. Je revois aussi très nettement la lèvre inférieure quand un sourire l'amollit, ou quand, épaisse, d'une mobilité rapide, elle jette la phrase en une seule expiration jaculatoire, vidant d'un trait une pensée qui n'a pas à se chercher.»

Matisse soignait toujours son apparence, contrairement à Bonnard qui apparaissait dans des vêtements non repassés et mal ajustés, ou à Picasso qui s'habillait de shorts et de chemises ouvertes. Loin de sa famille, il vécut pendant la guerre et jusqu'en 1949 dans la villa «Le Rêve», entouré d'une épaisse végétation méditerranéenne aux grands et larges palmiers. Depuis sa grave opération en 1941 (cancer du duodénum), sa vie était marquée par des problèmes de santé qui ne parvinrent pourtant jamais à entraver sa puissante force créatrice. Matisse avait reçu une seconde vie, et ses rêves paradisiaques se poursuivaient, trouvant leur concrétisation dans les nombreuses illustrations de livres qu'on lui commandait. C'est ainsi qu'il travailla au *Florilège des amours* de Ronsard (1948), aux poèmes de Charles d'Orléans (1950) et aux *Fleurs du mal* de Baudelaire (1947), tout en approfondissant sa technique des papiers découpés et en préparant les illustrations de *Jazz* (1947).

Souffrant d'insomnies, il dessinait souvent la nuit. «La vie est courte. [...] elle n'est pas toujours drôle. [...] mes insomnies qui me prennent beaucoup d'énergie; je suis dans ce moment assez profondément découragé. Cependant depuis mon retour dans les quatre toiles que j'ai touchées, deux sont je crois, excellentes et j'ai quelques bons dessins», écrivait-il à Rouveyre en 1947. Le travail stimulait l'énergie de l'artiste. Son œuvre ne laisse rien percevoir ni de ses souffrances physiques, de sa solitude ou de ses soucis relatifs à la guerre, ni des efforts intenses que son art exigeait de lui. Cette vie consacrée à son œuvre et à la traduction de ses conceptions picturales entraînait de grandes privations. Sa fille Marguerite Duthuit se souvient d'un de ses grands principes: «Dans la vie il faut choisir: faire de la peinture ou fréquenter le monde. On ne peut faire les deux choses à la fois.»[79]

82
1945 – Lithographie – Pl. 276 – 22,2 × 15,7 cm – 3 épreuves d'essai, 4 épreuves d'artiste, 12 épreuves numérotées, signées, sur vélin d'Arches – Duthuit n° 564 – Bibliothèque nationale, Paris; exemplaire dédié à Jean Matisse

3/12

H Matisse

à Jean Mocho[?]

MARGUERITE III

D'après le catalogue raisonné des œuvres de Matisse, l'artiste a réalisé en 1945 six versions du visage de sa fille Marguerite. Depuis son mariage en 1923 avec le byzantinologue et écrivain d'art Georges Duthuit, elle n'était plus apparue comme modèle dans l'œuvre gravé de son père. C'est une femme belle, sûre d'elle-même et sans âge, de par l'absence de modelé, qui s'offre à nos yeux. Nous connaissons ses traits par des œuvres antérieures (cf. ill.29) et ne pouvons qu'être étonnés de voir avec quelle apparente facilité et quelle précision Matisse réduit sa physionomie à quelques contours marquants qui traduisent sans équivoque son identité. On pourrait penser qu'il réalisa ce visage de mémoire. Or, la correspondance qu'il entretenait avec son ami Camoin et avec Louis Aragon nous fournit le contexte de ce portrait et nous révèle que le peintre avait bien sa fille devant lui lorsqu'il en nota les traits. Matisse s'était fait beaucoup de soucis pendant la guerre au sujet de Marguerite, car, activement engagée dans la Résistance, elle avait été arrêtée par les Allemands et faite prisonnière. Le 5 mai 1944, Matisse écrivait à son ami[80]: «Pour moi, je viens de recevoir la plus grande secousse de ma vie, et je m'en sortirai, je crois, par le travail: Ma femme et ma fille ont été arrêtées séparément et dans des endroits différents. Je l'ai su, deux jours après, sans autre détail, et depuis, plus de nouvelles. [...] Je me suis forcément tourné vers l'espérance d'une situation meilleure, sans vouloir laisser aller mon imagination. J'ai beaucoup travaillé pour la calmer.» Le 23 juillet, il écrivait à Camoin: «Pour mon compte, je croyais avoir tout éprouvé, souffrances physiques et morales. Eh bien, non! Il me fallait cette dernière épreuve. Je n'ose pas penser à Marguerite, dont on ne sait rien. On ne sait même pas où elle est.»[81] On sait aujourd'hui qu'elle fut torturée et déportée, mais qu'elle réussit à s'enfuir, se cachant pendant plusieurs semaines dans les forêts vosgiennes, comme nous l'explique Pierre Schneider. D'après les lettres de Matisse, elle serait revenue à Paris en novembre 1944. L'artiste écrivait en effet le 7 février 1945 à Aragon: «J'ai été très affecté par la visite de ma fille – un tête-à-tête de presque deux semaines m'a fait vivre la vie de prison, tout ce qu'elle a souffert et les horreurs qui l'environnaient – quel livre pour un Dostoïevsky!»

Cette dure épreuve traversée par Matisse lui inspira plusieurs dessins de sa fille. Il en vendit deux au profit des Francs-Tireurs et Partisans pour qui Marguerite avait travaillé. Aragon fut témoin de ces retrouvailles et nota dans son roman[82]: «Les années ont passé, et ces yeux-là ont vu la prison, les horreurs. C'est une femme tranquille, calme. Elle n'a plus du tout les yeux épouvantés de la Margot, une robe à bretelles, un pendentif au bout d'une chaîne.»

Ces portraits de Marguerite représentent aujourd'hui un document inestimable. Ils sont dans l'œuvre de Matisse comme une constante, un témoin fidèle des différentes étapes et phases transitoires qu'il traversa, une preuve enfin de l'évolution permanente de son art. Le portrait présenté ici, par exemple, reflète tout à fait l'esprit des œuvres tardives du maître.

Marguerite. Vers 1945. Photographie. Archives H. Matisse – Collection Claude Duthuit

83
1945, tirée en 1969 – Lithographie – Pl. 434 – 30 × 22,8 cm – Quelques essais en 1945; 25 épreuves numérotées portant le cachet H.M., sur vélin – Duthuit n° 571 – Bibliothèque nationale, Paris

CLAUDE, MASQUE

Claude Duthuit, petit-fils de l'artiste, était âgé de quinze ans lorsque Matisse fit de lui ce portrait. D'après ses souvenirs, il faisait très chaud ce jour-là et il dut rester immobile au moins une heure, dans une atmosphère de surcroît particulièrement sérieuse. Matisse exigeait en effet de ses modèles à la fois une grande discipline et une disponibilité entière, qu'un jeune garçon devait avoir bien du mal à accepter. La même année, Matisse exécuta également le portrait de son second petit-fils Gérard, fils de Jean Matisse (cat. Duthuit 577).

Après la guerre, Matisse sembla à nouveau multiplier les portraits et lithographies de ses amis et connaissances. Ce dessin inspiré par Claude nous renseigne une fois encore sur la manière de procéder de l'artiste, restée la même malgré les années passées. De temps en temps, Matisse reprenait la technique du dessin nuancé au crayon ou à la craie pour rendre le modelé d'un visage ou en fournir une nouvelle interprétation. L'enfant qu'il connaissait était maintenant devenu un jeune homme; mais ses traits, imprimés dans son esprit, permettaient à Matisse d'improviser librement, tout en conservant le souci permanent de rester fidèle au caractère essentiel de ce visage familier. Matisse nous a laissé plusieurs de ces portraits de Claude, témoins de la virtuosité de son art (cat. Duthuit 583–587). Ils servirent de modèle pour le frontispice du livre de Tristan Tzara, *Le Signe de vie* (1946).

Les portraits comptent parmi les œuvres les plus fascinantes de Matisse. Ils témoignent en effet de la voie difficile choisie par l'artiste, fragile équilibre entre exigences inhérentes au portrait et désir de simplification, entre fidélité au modèle et liberté d'interprétation. «J'ai fini par découvrir que la ressemblance d'un portrait vient de l'opposition qui existe entre le visage du modèle et les autres visages, en un mot de son asymétrie particulière. Chaque figure a son rythme particulier et c'est ce rythme qui crée la ressemblance. Pour les Occidentaux, les portraits les plus caractéristiques se trouvent chez les Allemands: Holbein, Dürer et Lucas Cranach. Ils jouent avec l'asymétrie, la dissemblance des visages, à l'encontre des Méridionaux qui tendent le plus souvent à tout ramener à un type régulier, à une construction symétrique. Pourtant je crois que l'expression essentielle d'une œuvre dépend presque entièrement de la projection du sentiment de l'artiste; d'après son modèle et non de l'exactitude organique de celui-ci.»

Claude Duthuit. Vers 1945. Photographie. Archives H. Matisse – Collection Claude Duthuit

84
1946 – Lithographie – Pl. 323 – 23,9 × 17,8 cm – 3 épreuves d'essai, 5 épreuves d'artiste, 10 épreuves numérotées, signées, sur vélin d'Arches – Duthuit nº 578 – Bibliothèque nationale, Paris; épreuve d'essai, dédiée à la Bibliothèque nationale

Essai

H Matisse

Pour la Bibliothèque Nationale

PORTRAITS DE PAUL LÉAUTAUD

C'est une aventure passionnante que de vivre la manière dont Matisse exploite l'asymétrie d'un visage, pouvant en déformer les traits tout en respectant les exigences de ressemblance inhérentes au portrait. L'écrivain Paul Léautaud (1872–1956), contemporain de Matisse, nous laissa quelques notes sur cette expérience qu'il put vivre lui-même. C'était un homme de soixante-quatorze ans, petit et sec, qui présentait, sur les photos d'Henri Cartier-Bresson, un visage osseux et parcouru de rides, marqué par des joues creuses et des lèvres minces. Ses petites lunettes rondes dissimulaient un regard malin.

C'est André Rouveyre qui le présenta à Matisse. Celui-ci devait en faire le portrait pour le frontispice d'un ouvrage intitulé *Choix de pages de Paul Léautaud* (1946). L'écrivain avait beaucoup de mal à comprendre la manière du maître, et il nota ses réflexions et impressions dans son *Journal*[83]. Ses critiques sévères représentent aujourd'hui un document précieux qui nous révèle que l'art de Matisse était loin d'être apprécié de tous: «Le don d'illusion, d'aveuglement, d'aberration qu'il faut qu'il y ait chez Matisse pour avoir abouti à ce portrait composé de trois ou quatre traits plats, sans vie, sans expression, sans le moindre détail de ressemblance, et pour le regarder lui-même avec la complaisance et la satisfaction qu'il en a montrées et exprimées. [...] Matisse, pour moi, est en peinture un peu [un]niais comme il en est en littérature.»

Lorsque Matisse, à la fin des séances de pose, lui offrit un de ses portraits au crayon, il s'empressa de le vendre à la première occasion: «Il ne s'y trouve rien de mon visage. [...] Un portrait qui peut aussi bien être celui d'un personnage imaginaire, né des méditations de Matisse.»

Chacun sait que dans l'art du XXᵉ siècle les portraits rencontrent rarement la satisfaction de leurs commanditaires; pourtant, on ne peut que s'étonner de cette incompréhension dont fit preuve Paul Léautaud face à cette série amusante de visages qu'il inspira. Ces portraits étaient trop concis, trop sommaires, trop «absurdes». Il ne pouvait comprendre les efforts de Matisse. Le produit final n'était pas un reflet de lui-même, c'était «un Matisse». Pourtant, avant d'en arriver à ce résultat, l'artiste avait dû détruire près de quatre cents dessins qui ne le satisfaisaient pas pleinement. Douze d'entre eux étaient accrochés dans sa chambre: «Demain, après le sommeil, le travail nocturne de l'esprit, il les regardera, ils agiront sur lui, comme à son insu, le dessin définitif se formera dans sa tête. Il fera alors le portrait», commentait encore Paul Léautaud. Cette importance que Matisse accordait aux portraits explique pourquoi il se sentit incité, vers la fin de sa vie, à nous laisser des réflexions écrites sur cet aspect de son art, car, comme il le répétait sans cesse, toutes ses œuvres étaient des portraits, des images saisies dans la vie.

Paul Léautaud. Photographie d'Henri Cartier-Bresson

85 I-XII
1946 – Lithographie – Pl. 288, 296, 297, 298, 299, 300, 301, 302, 303, 304, 305, 306 – env. 20 × 14 cm – Sur vélin, quelques épreuves d'artiste, 5 épreuves numérotées, signées – Duthuit, tome II, p. 174, nᵒˢ 593 à 603 – Bibliothèque nationale, Paris

Les onze portraits de Paul Léautaud, exécutés en 1946, sont autant d'études pour le frontispice (pl. 288) de *Choix de pages de Paul Léautaud,* par André Rouveyre, éditions du Bélier, 1946.

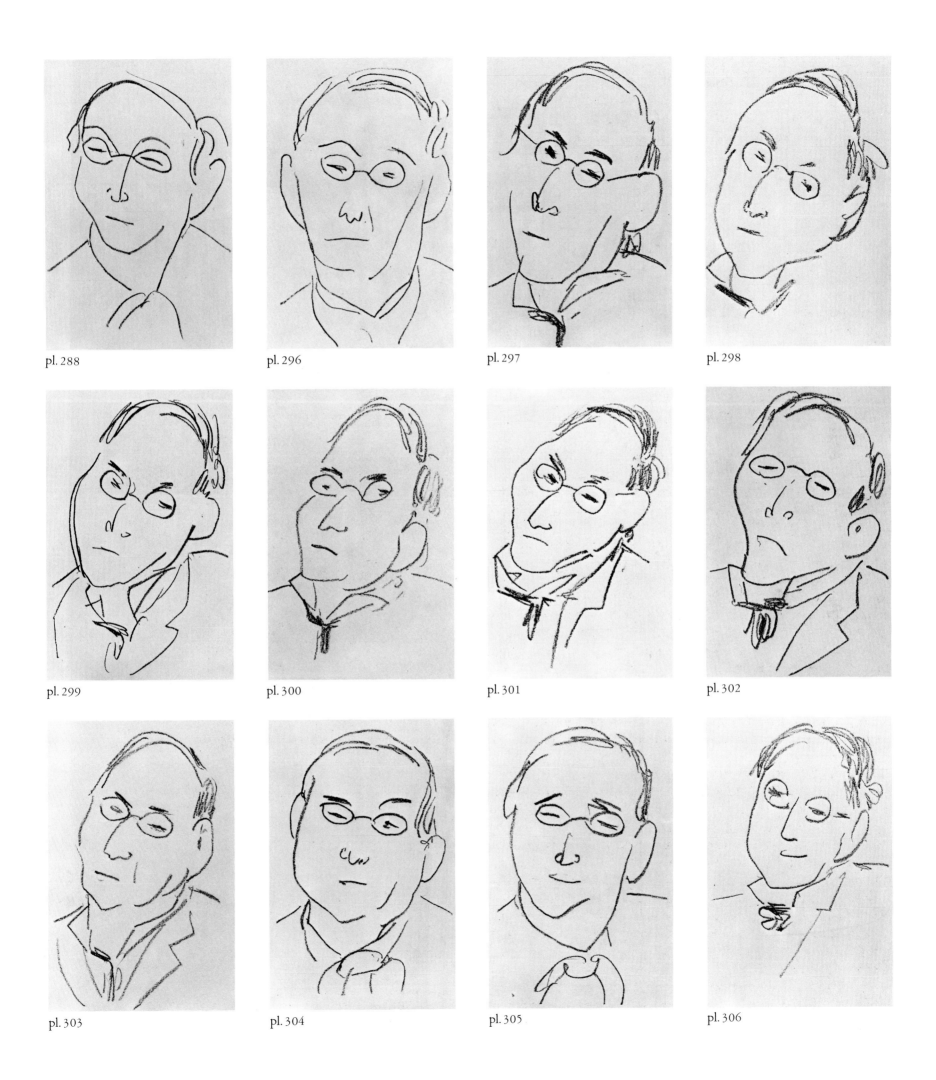

pl. 288

pl. 296

pl. 297

pl. 298

pl. 299

pl. 300

pl. 301

pl. 302

pl. 303

pl. 304

pl. 305

pl. 306

VISAGE DE TROIS QUARTS (I)
VISAGE SCULPTURAL (II)
VISAGE SOURIANT (III)
VISAGE AU REGARD LOINTAIN (IV)

Matisse recouvrait les murs de sa chambre de visages de ses modèles. Ces séquences lui permettaient à la fois d'avoir sous les yeux les différentes versions de ses œuvres et de s'imprégner pleinement de son sujet. Matisse expliquait à Paul Léautaud que ce n'était pas, pour lui, la ressemblance qui était déterminante dans un portrait, «mais ce qui résulte de l'ensemble, dans l'esprit du peintre, de tous ces essais, dessins, de l'acquisition de l'examen et de la connaissance et d'une certaine familiarité avec le modèle, en un mot, le résultat de tout cela qui se fond pour le portrait définitif. [...] Je pourrais faire tout comme un autre un portrait ressemblant en une demi-heure. Ce n'est pas cela que je fais. Cela ne m'intéresse pas. Je cherche, je veux autre chose.»[84]

De son lit, Matisse pouvait évaluer les différences entre ces visages et juger de l'éventail des possibilités offertes dans leur interprétation. Ces quatre portraits de Lucienne Bernard, la jeune femme du poète, nous donnent une idée du «cinéma de ma sensibilité» dont parlait Matisse. «Mon dessin instantané n'est pas mon numéro principal. Il est simplement une cinématographie d'une suite de visions que je fais constamment au cours d'un travail de fond; d'un tableau qui n'est que la résultante d'une suite de reconceptions précises qui vont s'exaltant dans le calme en prenant point d'appui de l'une sur l'autre.» L'artiste s'était fixé pour tâche de traduire les sensations qu'éveillait en lui le modèle. Il y parvenait à travers une suite de dessins tendant à la synthèse et à la condensation de ces sensations, démarche inséparable chez Matisse d'une réduction et d'une simplification des moyens. Le résultat, pourtant, jamais ne s'est apparenté ni à un schéma ni à une formule figée.

86 I
1946 – Eau-forte – Pl. 318 – 14,9 × 11 cm – 5 épreuves d'artiste, 25 épreuves numérotées, signées, sur Chine appliqué – Duthuit n° 297 – Bibliothèque nationale, Paris

86 II
1946 – Eau-forte – Pl. 317 – 15 × 11 cm – 5 épreuves d'artiste, 25 épreuves numérotées, signées, sur Chine appliqué – Duthuit n° 295 – Bibliothèque nationale, Paris

86 III
1946 – Eau-forte – Pl. 319 – 14,9 × 11 cm – 5 épreuves d'artiste, 25 épreuves numérotées, signées, sur Chine appliqué – Duthuit n° 298 – Bibliothèque nationale, Paris

86 IV
1946 – Eau-forte – Pl. 315 – 14,8 × 11 cm – 5 épreuves d'artiste, 25 épreuves numérotées, signées, sur Chine appliqué – Duthuit n° 294 – Bibliothèque nationale, Paris

I

II

III

IV

MARTINIQUAISE

Les gravures tardives de Matisse sont presque exclusivement consacrées aux visages, qu'elles représentent avec une grande économie de traits. Si elles donnent l'impression de traduire une obsession de l'artiste, elles constituent aussi pour le spectateur une suite instructive qui le renseigne sur la démarche et le travail de Matisse. En effet, ce n'est qu'en observant ces esquisses d'une apparente facilité que l'on perçoit toute leur complexité et l'extraordinaire imagination créatrice qui est à leur origine.

La série des Martiniquaises, imprimées en 1946, correspond à des études pour le frontispice des *Fleurs du mal* de Baudelaire (1947).

87
1946-1947 – Eau-forte – Pl. 305 – 25,2 × 19,1 cm – 1 épreuve d'essai, 5 épreuves d'artiste, 25 épreuves numérotées, signées, sur Annam appliqué – Duthuit n° 285 – Bibliothèque nationale, Paris

pl. 303   pl. 306   pl. 307

pl. 304   pl. 301   pl. 300

H matisse 25/25

MARTINIQUAISE

«Un modèle c'est le coup de foudre. Il y a aussi une rencontre à la Martinique pendant une escale de quelques heures. Le peintre avait sauté dans un taxi pour faire un tour au Mont Pelé. Au retour le chauffeur demande l'autorisation de s'arrêter près d'une maison. Une négresse en sort, lui apporte un régime de bananes. Cette femme, c'était la perfection. La perfection. Pas la beauté.» Tels étaient les souvenirs de Louis Aragon[85].

A cette époque, Matisse travaillait souvent d'après des modèles de couleur, comme l'attestent les titres de ses compositions: *Congolaise, Malgache, Haïtienne, Martiniquaise*. Dans le film tourné par François Campaux en 1946, c'est la Martiniquaise qui servait alors de modèle à l'artiste; Dina Vierny, ancien modèle de Maillol, l'appelait Carmen. C'est son visage que Matisse choisit pour le frontispice des *Fleurs du mal* de Baudelaire (1947). Toutes les eaux-fortes qu'elle inspira témoignent d'une grande liberté artistique. Ses traits inhabituels permirent à l'artiste une intéressante prise de recul, tout en enrichissant son répertoire de nouveaux signes formels. Il découvrait dans ces visages étrangers comme une diversion aux normes familières, une variante formelle proposée par la nature, qui le captivait et stimulait sa fantaisie créatrice. A propos du projet de son livre, il écrivit à Camoin: «J'ai fait l'illustration de ton bon copain Baudelaire. J'ai fait, correspondant aux pièces choisies, trente-cinq têtes d'expression en litho. Ce n'est pas ce qu'on attend généralement de l'illustration de ce poète. On imaginerait facilement une série de jambes en l'air plus ou moins tourmentées. J'espère que les bourgeois ne seront pas aussi exigeants, qu'ils me tiendront compte de mon travail inattendu.»[86]

Des problèmes d'impression à l'atelier de Daragnès rendirent impossible l'édition prévue. Elle parut en 1947 avec le frontispice de la *Martiniquaise* et des photolithographies.

La Martiniquaise. 1946. Photographie d'Hélène Adant. Collection Pierre Matisse

88
1946-1947 – Eau-forte – Pl. 309 – 14,8 × 11 cm – 2 épreuves d'essai, 5 épreuves d'artiste, 25 épreuves numérotées, signées, sur Chine appliqué – Duthuit n° 289 – Bibliothèque nationale, Paris

HAÏTIENNE

L'imprimeur Fernand Mourlot nous laissa des souvenirs pleins de vie qui relatent l'attitude de Matisse vis-à-vis des différents matériaux et techniques d'impression, mais aussi vis-à-vis des hommes avec lesquels il avait à faire. Mourlot, lithographe favori de Matisse depuis 1937, avait su visiblement s'attirer la confiance des principaux artistes de l'époque et leur fournissait un travail de qualité. «Ce n'était pas Derain ou Picasso avec qui on pouvait plaisanter, lui il commandait», racontait-il à propos de Matisse[87]. «En réalité, ces séances avec Matisse étaient très dures. Il savait ce qu'il voulait et il n'y avait pas moyen de discuter. Quand j'étais certain de quelque chose, d'un détail technique, je devais passer des heures à le persuader que j'avais raison. Lorsque j'avais tenu deux heures et demie, trois heures, c'était assez fatigant.»[88]

Mourlot se souvient aussi que Matisse lui avait apporté un jour des dessins au trait devant être reproduits dans une édition de *Verve:* «Matisse avait fait un point dans chaque coin de la feuille du dessin. — Je désire que les premières épreuves me soient présentées avec ces marques, vous les enlèverez au tirage; comme cela je serai sûr que mon dessin sera bien cadré dans sa page.»[89] Ces détails, imperceptibles pour le spectateur, revêtaient la plus grande importance aux yeux de Matisse, qui n'hésitait pas à recourir au fil à plomb quand il le jugeait nécessaire: «La verticale est dans mon esprit. Elle m'aide à préciser la direction des lignes, et dans mes dessins rapides, je n'indique pas une courbe, par exemple celle d'une branche dans un paysage, sans avoir conscience de son rapport avec la verticale. Mes courbes ne sont pas folles.»

C'est avec le plus grand soin, la plus grande précision et l'intervention de ses propres sentiments artistiques que l'imprimeur devait suivre les indications de Matisse. Les exigences esthétiques de l'artiste requéraient en effet un lithographe d'une grande compétence: «Je voudrais bien, mon cher Mourlot, que vous acceptiez de travailler pour moi et de me conseiller un peu. J'ai beaucoup à faire et je ne suis pas un grand technicien.»[90] Depuis sa grave opération en 1941, Matisse devait rester alité et ne pouvait, comme Picasso, rester plusieurs heures dans l'atelier de Mourlot et influer directement sur la qualité de l'impression au vu de différents états. La valeur de son imprimeur avait d'autant plus d'importance, même si à l'impression ses œuvres ne présentaient pas de difficultés techniques particulières.

89
1945 – Lithographie – Pl. 273 – 36,6 × 27,5 cm – 5 épreuves d'essai, 10 épreuves d'artiste, 200 épreuves numérotées, signées, sur vélin – Duthuit n° 567 – Bibliothèque littéraire Jacques Doucet, Paris; épreuve d'artiste

à la Bibl. J. Doucet
1/10 ép. d'artiste
Henri Matisse

UNE RELIGIEUSE À L'EXPRESSION CANDIDE

Les trois versions de la religieuse (cat. Duthuit 276–278) furent réalisées en relation avec le projet d'illustration des *Lettres portugaises* de Mariana Alcoforado (1946). Le modèle était ici Doucia, représentée aussi dans un grand et saisissant dessin à la craie (juin 1945). Christian Arthaud nous explique qu'il s'agissait d'une jeune Russe de quatorze ans, Doucia Retinsky. Elle fut probablement présentée à l'artiste par l'intermédiaire de Lydia Delektorskaya, qui avait souvent fourni à Matisse de nouveaux modèles répondant à ses exigences. L'artiste cherchait ici pour ses illustrations un visage capable de traduire l'intensité de la passion d'une religieuse, et par là même la personnalité de Mariana Alcoforado, «ce qui est surprenant», remarquait Louis Aragon, «car en quoi cette petite fille pouvait-elle être le modèle de cette tempête intérieure de la Religieuse portugaise, de ces ravages de la sensualité non satisfaite?»[91]

Que ce soit celui d'une Chinoise, d'une Haïtienne ou d'une jeune fille de quatorze ans, c'était un nouveau visage, qui le fascinait justement par ses formes encore indécises, ses courbes douces caractéristiques d'une jeune Slave, son regard enfin, plein d'espoir et incertain, qui reflétait à la fois connaissances et ignorances, tout en laissant présager des forces encore inemployées. Ce charme et cet attrait se trouvèrent renforcés par l'association de ce visage et du voile. La jeune fille revint six ans plus tard chez Matisse et lui demanda un nouveau portrait: ce fut un dessin puissant, marqué par le regard affirmé du modèle et les formes rondes de ce visage reposant sur un cou massif.

Matisse se faisait plus âgé, mais ses modèles étaient toujours plus jeunes, femmes d'une vingtaine d'années, reflets de leur époque. La série de portraits qu'elles inspirèrent à Matisse témoignent à la fois de l'évolution des temps, et de la constance de cette main d'artiste qui, avec le recul des années, atteignait à une liberté d'interprétation et à une maîtrise sans cesse grandissantes. C'est avec une facilité et une rapidité accrues que Matisse parvenait désormais à arracher son mystère à l'objet et à en déchiffrer le caractère intime: «Le caractère d'un visage dessiné ne dépend pas de ses diverses proportions mais d'une lumière spirituelle qu'il reflète. Si bien que deux dessins du même visage peuvent représenter le même caractère bien que les proportions des visages de ces deux dessins soient différentes. Dans un figuier aucune feuille n'est pareille à une autre; elles sont toutes différentes de forme; cependant chacune crie: figuier.»

90
1945 – Eau-forte – Pl. 324 – 15,8 × 11,9 cm – 1 épreuve d'essai, 5 épreuves d'artiste, 25 épreuves numérotées, signées, sur Chine appliqué – Duthuit n° 277 – Bibliothèque nationale, Paris

BÉDOUINE, FIGURE AUX BANDEAUX

Contre toute attente, l'aquatinte ne conduisit pas Matisse à une nouvelle traduction picturale de l'objet au moyen de fines gradations de teintes comme chez Picasso ou Goya, mais l'incita à se concentrer à nouveau sur la ligne, qui prend ici l'aspect d'un sombre trait de pinceau. Ce n'est qu'en 1930 que Matisse aborda cette technique, élargissant ainsi le champ d'expériences offert par eaux-fortes et monotypes, et découvrant les surprises et possibilités que lui réservait l'impression d'un dessin au pinceau. Cette écriture massive, perceptible par l'œil même à distance, entraîna encore une plus grande réduction de moyens. Il s'agissait pour Matisse de rendre la spécificité d'un visage – ici celui d'une Bédouine – avec une clarté et une simplicité plus grandes encore, pour atteindre à une figure épurée dont les yeux, le nez et la bouche seraient réduits à quelques traits, inscrits dans un ovale présentant le caractère d'un masque. Pourtant, malgré cette simplification extrême, ce visage semble respirer, rayonner, et échapper au carcan de formes rigides ou purement géométriques. Cette «vie» réside dans le seul dynamisme de la ligne ainsi que dans l'élan et l'épaisseur irrégulière du trait qui semble faire vibrer la composition.

«Les lignes sont des forces», expliquait le maître à la fin de sa vie, lorsqu'il décorait la chapelle de Vence, sa dernière grande réalisation. Ces lignes-forces sont à la base même du mystère de ses masques inimitables. Leur nature dépend étroitement de la pression exercée par la main et de la direction qu'elle impose au trait. Matisse nous dira d'ailleurs dans *Jazz* à propos de cette main: «Si j'ai confiance en ma main, c'est que pendant que je l'habituais à me servir, je me suis efforcé à ne jamais lui laisser prendre le pas sur mon sentiment. Je sens très bien, lorsqu'elle paraphrase, s'il y a désaccord entre nous deux: entre elle et le je ne sais quoi en moi qui paraît lui être soumis. La main n'est que le prolongement de la sensibilité et de l'intelligence. Plus elle est souple, plus elle est obéissante. Il ne faut pas que la servante devienne maîtresse.» Ce contrôle exercé en permanence sur la course du pinceau entraîne parfois une certaine similitude entre plusieurs variantes, mais l'expression traduite par les traits du visage conserve toujours son originalité propre.

91
1947 – Aquatinte – Pl. 330 – 31,7 × 25,2 cm – 8 épreuves d'essai, 5 épreuves d'artiste, 25 épreuves signées, numérotées, sur Annam appliqué – Duthuit n° 777 – Bibliothèque nationale, Paris

H·matisse 24/25

LE TOBOGGAN

A partir de 1943, Matisse travailla à des gouaches découpées, inspirées de l'univers du cirque et du théâtre et destinées à illustrer un album dont il avait également conçu le texte. «Dessiner avec les ciseaux», c'est-à-dire découper des formes dans des papiers colorés de sa main, devint la grande passion qui marqua la fin de sa vie. «Le papier découpé me permet de dessiner dans la couleur. Il s'agit pour moi d'une simplification. Au lieu de dessiner le contour et d'y installer la couleur – l'un modifiant l'autre – je dessine directement dans la couleur, qui est d'autant plus mesurée qu'elle n'est pas transposée. Cette simplification garantit une précision dans la réunion des deux moyens qui ne font plus qu'un.»

Bien que l'ouvrage *Jazz* fût réalisé avec une technique qui n'est pas à proprement parler un mode d'impression original, le pochoir permettant en effet ici une production en série, il nous intéresse dans notre contexte, car il illustre l'importance extrême que Matisse accordait à la couleur et aux possibilités nouvelles offertes par le dessin aux ciseaux. De plus, les différentes reproductions furent exécutées de la main même de l'artiste. Matisse avait enfin découvert un moyen de réunir en une nouvelle synthèse couleurs et contours. Après quelques hésitations concernant le titre de son album, il abandonna le mot *Cirque* au profit de *Jazz* pour souligner le parallèle avec la musique. «*Jazz* est un rythme et une signification», expliquait Matisse, voulant ainsi détourner le lecteur d'un aspect purement thématique et attirer son attention sur la structure interne de l'album, ses rythmes, syncopes et staccati, ses tonalités douces ou violentes, les improvisations enfin qui le jalonnent.

«En dessinant aux ciseaux dans les feuilles de papier colorées à l'avance, d'un même geste pour associer la ligne à la couleur, le contour à la surface. L'idée m'est simplement venue de les réunir.[...] Parfois la difficulté venait: lignes, volumes, couleurs et quand je les réunissais tout s'effondrait, l'un détruisait l'autre. Il fallait recommencer, chercher la musique et la danse, trouver l'équilibre et éviter le conventionnel.» Ce qui apparaît comme un jeu d'enfant faisait en réalité appel à un puissant génie créateur, capable d'orchestrer les différentes forces.

Le Toboggan, cette extraordinaire figure suspendue dans un espace d'une profondeur sans limites, égayé par deux bandes d'étoiles scintillantes et de vagues ondulantes, symbolise l'étendue infinie des possibilités qui s'offrent à l'artiste, possibilités que seule sa propre créativité lui permet de concrétiser à l'aide d'images et de signes. On retrouve aussi le motif de cette figure libérée de tout poids dans une couverture de *Verve*. Pourtant l'origine même de ce thème est à rechercher dans la danse, dans le travail que Matisse réalisa pour le ballet russe *Rouge et noir,* mis en scène d'après la première Symphonie de Chostakovitch (1939) et enfin dans ses compositions de *La Danse. Jazz* est l'expérience suprême d'un artiste infatigable et éternellement créateur – «l'artiste, c'est un explorateur» –, c'est un livre de la nuit, évoquant des images cosmiques qui permettent d'oublier peines et insomnies.

92
1947 – Pochoir – Collection E.W.K., Berne

Illustration XX du livre *Jazz,* Paris, Tériade, 1947; grand in-folio, en feuilles dans un emboîtage; 20 planches au pochoir d'après les découpages et collages de l'artiste, texte manuscrit par l'artiste reproduit en fac-similé; 270 exemplaires signés; 100 albums comportant exclusivement l'ensemble des planches du livre.

MARIE-JOSÉ EN ROBE JAUNE

Entre 1946 et 1948, Matisse surprit le public par toute une série de grands dessins à l'encre de Chine, traités à larges coups de pinceau. Il s'agit de natures mortes et d'intérieurs, avec ou sans figure, tous remarquables par le profond contraste noir et blanc, exempt de toute demi-teinte. Leurs thèmes sont en étroite relation avec la peinture. Dans l'œuvre gravé de l'artiste, seule témoigne de cette période cette aquatinte, composition emplissant toute la feuille, tel un détail extrait d'un vaste intérieur.

Le traitement du sujet, par de simples contours et touches noires, engendre une composition plane, sans aucun effet de perspective, qui rappelle les lithographies de 1928 (voir ill. 48), traduisant par de fins traits de craie la lumière et la couleur de l'atelier. Ici encore, Matisse pensait en termes de couleurs lorsqu'il dessinait avec son pinceau: «La qualité particulière du dessin au pinceau, qui, tout en étant une technique limitée, a toutes les qualités d'un tableau ou d'une peinture murale. C'est toujours la couleur qui est mise en jeu, même quand le dessin consiste en un seul trait continu. Les dessins au pinceau noir contiennent, en petit, les mêmes éléments que les peintures en couleurs [...], c'est-à-dire des différenciations dans la qualité de la surface unifiée par la lumière.»[92]

L'artiste n'est pas animé ici par des conceptions nouvelles, et pourtant la couleur noire, par l'intermédiaire de la largeur des traits, a plus de poids ici que dans ses lithographies antérieures. Le dessin semble plus rudimentaire et n'est pas sans rappeler les bois gravés de sa période fauve (voir ill. 6, 7). La luminosité est aussi plus forte, encore accrue par le fractionnement des contours, qui confère à la fois son volume et ses vibrations au dessin. Ce scintillement engendré par l'interruption de la ligne apparaissait également d'une manière saisissante – mais en négatif cette fois – dans les monotypes de 1914–1916 (cf. *Les Coloquintes,* ill. 24). Ce qui n'était perceptible que de près, est ici conçu pour frapper à distance. Peut-être oublie-t-on trop souvent en effet que Matisse était alité depuis 1941 et qu'il lui fallait créer ses œuvres dans une optique quelque peu différente. Il savait que pour juger de ses compositions de grand format, il lui fallait les placer à une distance relativement importante, sur les murs de sa chambre par exemple. Il ne pouvait pas, comme autrefois, reculer de quelques pas ou se décaler sur le côté pour changer rapidement de point de vue. De plus sa vision s'était affaiblie. «Mon ardeur au travail m'a obligé à m'arrêter un peu, et c'est par l'extrême sensibilité de mon œil que je suis pris. Il faut donc que je voie les objets dans ma mémoire pour continuer à penser», se plaignait le maître vers la fin de sa vie.

93
1950 – Aquatinte en noir – 53,5 × 41,8 cm – Plusieurs épreuves d'essai avec le seul noir, et avec les couleurs, sur vélin d'Arches – Bibliothèque nationale, Paris

MARIE-JOSÉ EN ROBE JAUNE (en couleurs)

Hormis la version de *La Danse* (voir ill. 63), cette planche est en réalité la seule gravure originale en couleurs au sens où on l'entend habituellement. Le grand maître, qui était avant tout un peintre, avait en effet banni la couleur de son œuvre gravé, comme s'il voulait déjouer ainsi son obsession de la couleur inhérente à son tempérament d'artiste. Pourtant, nous avons constaté à plusieurs reprises que Matisse pensait en couleurs, même lorsqu'il dessinait au crayon ou au pinceau. Il les intègre ici dans trois variantes d'une même aquatinte – celle que nous avons présentée précédemment – en utilisant chaque fois comme couleurs de base le rouge, le bleu, le vert et le jaune. L'exemple que nous proposons correspond à une épreuve d'essai qui précéda le tirage définitif à cent exemplaires.

Quelques affiches en couleurs de ses propres tableaux avaient parfois donné à Matisse l'occasion de se familiariser avec les encres d'impression, comme le confirme Fernand Mourlot, chargé en 1937 de réaliser une reproduction du *Rêve*: «Le chromiste se remit au travail; il faut dire qu'avant la guerre la photo en couleurs n'avait pas atteint sa perfection actuelle. Exécuté par des habiles spécialistes, le travail à la main était supérieur aux procédés photomécaniques. Matisse fut très sensible au soin que nous apportions à le servir; il suivit scrupuleusement toutes les étapes de l'impression, et c'est assez difficile, même pour un artiste, de suivre une lithographie en couleurs ou une quadrichromie quand on n'est pas absolument technicien.»[93]

Pour Matisse, les encres d'impression paraissaient sans doute trop ternes, manquant de cette profondeur et de ce rayonnement qui caractérisaient si bien les couleurs de ses toiles. En effet, pour lui, la couleur ne revêtait pas une fonction descriptive, c'était un support essentiel, un élément primordial, capable de traduire ses propres émotions. Ce n'est donc pas sans une certaine appréhension qu'il vit imposées à leur utilisation les limites d'un procédé technique, et surtout qu'il confia à un intermédiaire le geste physique de l'encrage. Sa première réaction face à ses estampes en couleurs fut une réaction de déception, comme il le racontera à son ami Rouveyre à propos de *Jazz*: «Je crois que ce qui gâte absolument est la transposition qui leur enlève la sensibilité sans laquelle ce que je fais n'est rien. [...] Mais je sais que ces choses doivent rester comme elles sont, des originaux, des gouaches tout simplement.»

Matisse était au plus profond de lui-même un inventeur, un créateur génial, un éclaireur, qui avait besoin d'un contact direct aussi bien avec ses sujets qu'avec les matériaux qu'il employait. Sans doute son handicap physique joua-t-il aussi un rôle dans l'abandon de nombre de ses estampes en couleurs. En outre, il était sans doute trop occupé par la technique des gouaches découpées dont il désirait encore parfaire l'exploration. «Le temps me manque toujours et j'ai le sentiment constant qu'il ne me sera pas possible de terminer l'effort de toute ma vie, par manque de temps», écrivait-il à Rouveyre en 1944.

94
1950 – Aquatinte en couleurs (noir, rouge, jaune, bleu, vert) – Pl. 362 – 53,6 × 41,7 cm – Quelques épreuves d'essai, 100 épreuves numérotées, signées, sur Arches – Duthuit n° 817 – Collection E.W.K., Berne

MASQUE BLANC SUR FOND NOIR

Devant nos yeux s'offre ici un masque en suspens, symbole d'un visage, lumineux comme la lune se détachant sur le fond noir de la nuit. Pour cette œuvre, Matisse utilisa les qualités picturales de l'aquatinte et évita un trop violent contraste clair-obscur en adjoignant au blanc des tonalités grisées et au noir quelques fines lignes blanches. Les contours de ce visage semblent découpés aux ciseaux, et le fond noir porte les irrégularités du travail au pinceau. Yeux et sourcils sont asymétriques, comme le sont aussi les lèvres.

Comment interpréter ce masque? Est-ce une apparition, un magicien, un autoportrait, une icône? C'est un visage sans âge, au regard puissant exprimé par les yeux grands ouverts, qui affirme sa présence physique et la vie qui l'anime par la légère inclinaison de la tête. «Lorsque je peins un portrait, je reprends mon étude, et c'est chaque fois un nouveau portrait que je fais.[...] Le portrait définitif pourra la [la personne] représenter plus jeune, ou sous un aspect autre que celui qu'elle offre au moment où elle pose, parce que c'est cet aspect qui m'aura paru le plus vrai, le plus révélateur de sa personnalité réelle. L'œuvre d'art est ainsi l'aboutissement d'un long travail d'élaboration. L'artiste puise autour de lui ce qui est capable d'alimenter sa vision intérieure, directement, lorsque l'objet qu'il dessine doit figurer dans sa composition, ou par analogie. Il se met ainsi en état de créer. Il s'enrichit intérieurement de toutes les formes dont il se rend maître, et qu'il ordonnera quelque jour selon un rythme nouveau.»

Ce masque pourrait ainsi être interprété comme une somme de portraits, une synthèse d'impressions enregistrées et assimilées par l'artiste. Matisse avait déjà vécu en 1906 cet anonymat et cette expressivité du masque en observant la sculpture Fang de l'atelier de Derain, rue Touralque. Cette image, mêlée à toutes les impressions ressenties face aux arts primitifs et extra-européens, marqua l'artiste jusque dans ses dernières œuvres. S'ajoutèrent aussi tous les masques que le théâtre lui avait fait rencontrer. Matisse utilisa ce motif pour la première fois sur le rideau de scène conçu pour *Le Chant du rossignol* (1920). Pourtant, en travaillant les portraits de ses amis, il avait aussi souvent réduit leur visage à quelques lignes, leur conférant également presque l'aspect d'un masque. Il réalisa en 1948 une série d'aquatintes représentant des masques noirs sur fond clair, reprenant ce thème en 1952 pour le programme du Festival international d'Art dramatique à Nice, et en 1953 pour ses grandes décorations. C'est la forme la plus épurée qui permet de résumer les caractéristiques universelles d'un visage humain, tout en lui conférant encore des traits proprement individuels. «Il suffit d'inventer des signes. Quand on possède un authentique sentiment de la nature, on peut créer des signes qui soient autant d'équivalents entre l'artiste et le spectateur.»

95
1949-1950, tirée en 1966 – Aquatinte – Pl. 387 – 31,7 × 24,9 cm – 3 épreuves d'essai, 6 épreuves d'artiste, 25 épreuves numérotées, portant le cachet H.M., sur Rives – Duthuit n° 811 – Bibliothèque nationale, Paris

25/25

H.M.

VIERGE ET ENFANT SUR FOND ÉTOILÉ

A la question, «si je crois en Dieu», Matisse aurait répondu: «Oui, quand je travaille. Quand je suis soumis et modeste, je me sens tellement aidé par quelqu'un qui me fait faire des choses qui me surpassent. Pourtant je ne me sens envers lui aucune reconnaissance car c'est comme si je me trouvais devant un prestidigitateur dont je ne puis percer les tours. Je me trouve alors frustré du bénéfice de l'expérience qui devait être la récompense de mon effort. Je suis ingrat sans remords.»

Matisse, qui ne pratiquait pas et ne s'était ni intéressé ni consacré à l'art religieux, osa en 1945 tenter l'aventure de décorer une chapelle pour des Dominicaines. Tel un livre qu'il concevait de la première à la dernière page, il considéra la chapelle de Vence comme une œuvre d'art totale dont il détermina tous les éléments: jardin, murs, carreaux, vitraux, objets liturgiques et vêtements sacerdotaux. La chapelle fut inaugurée en juin 1951. L'artiste, âgé maintenant de quatre-vingts ans, s'était totalement investi dans ce travail qu'il fournissait à titre bénévole. Ses contemporains furent profondément surpris, surtout ceux qui étaient de tendance communiste, comme Aragon, Picasso ou Léger. Picasso était furieux et aurait répliqué à Matisse: «Pourquoi est-ce que vous ne feriez pas plutôt un marché? Vous y peindriez des fruits, des légumes.»

Matisse fut pris sous le feu des critiques. Il fut même attaqué par l'Eglise catholique qui trouva là un prétexte pour remettre en cause l'art chrétien et la position de l'art moderne à son égard. Pourtant Matisse avait un ardent défenseur en la personne du Père Marie-Alain Couturier, partisan d'une liberté de création artistique à l'écart de tout dogme. Il résumait ainsi ses pensées: «Le génie, en effet, est une modalité de l'esprit et celui-ci, une émanation de Dieu. Tout ce qui est beau, artistiquement vivant, est donc religieux. C'est pourquoi: ⟨Je crois qu'il y a un Dieu pour les artistes et qu'il les rattrape au bout de cette route par où s'en vont tous les enfants prodigues.⟩»[94] Les sentiments et convictions du Père Couturier étaient très proches de ceux de Matisse et de ce «sentiment pour ainsi dire religieux que je possède de la vie» qu'il exprimait dès 1908.

Matisse ne désirait que créer une œuvre d'art, en investissant dans la réalisation de son rêve toutes les forces dont il disposait encore. Il ne tenta jamais de défendre sa position face aux polémiques. Il répondit simplement à Picasso: «Oui, je fais ma prière, et vous aussi, et vous le savez bien: quand tout va mal, nous nous jetons dans la prière, pour retrouver le climat de notre première communion. Et vous le faites, vous aussi.» En 1951, il expliquait encore au Père Couturier: «J'ai créé un espace religieux», déclarant en 1952 à

André Verdet: «Ma seule religion est celle de l'amour de l'œuvre à créer, l'amour de la création et de la grande sincérité. J'ai fait cette chapelle avec le seul sentiment de m'exprimer à fond. J'ai eu là l'occasion de m'exprimer dans la totalité de la forme et de la couleur. Ce travail a été pour moi un enseignement.»

Ce sont cet enseignement et cette profonde sincérité que nous retrouvons dans les nombreuses études qui préludèrent à la réalisation de la chapelle de Vence.

96
1950-1951, tirée à Nice pour l'inauguration de la chapelle – Lithographie – Pl. 346 – 30,8 × 24,5 cm – 2 épreuves d'essai, 8 épreuves d'artiste, 100 épreuves numérotées, signées, sur Chine appliqué – Duthuit n° 647 – Bibliothèque nationale, Paris; épreuve d'artiste

7/8 épr d'artiste

MADELEINE – ETUDE

Le visage de Madeleine ainsi que la lithographie précédente sont des œuvres que Matisse réalisa en rapport avec le grand panneau de céramique de la chapelle du Rosaire, à Vence. C'est sans surprise que l'on suit à travers les différentes études le chemin parcouru par l'artiste, de l'abondance au dépouillement, de la complexité à la simplicité, du mouvement au calme serein, pour atteindre à une expressivité maximale sous la forme la plus réduite, à une convaincante traduction graphique d'un monde infiniment vivant et varié.

C'est une femme, Monique Bourgeois, qui fut à l'origine de ce travail. Cette «belle jeune fille vive et intelligente»[95], comme la décrivait Lydia Delektorskaya, s'occupa de Matisse à Nice en tant qu'infirmière durant la période de convalescence qui suivit sa grave opération subie en 1941. Elle posait parfois aussi pour l'artiste. «Elle avait perdu son père. Les enfants et les petits-enfants de Matisse étaient loin de lui. Il s'est créé entre eux une sorte de profonde affection de petite-fille à grand-père et, de plus, d'homme cloué à son lit par une infirmité à une jeune fille, moralement, fortement choquée en plein épanouissement par l'idée de déficience physique.»[96] C'est ainsi que Lydia vit cette relation. Matisse fut profondément bouleversé lorsque la jeune fille lui fit part de sa décision de prendre le voile. Pourtant, elle garda contact avec l'artiste, comme le confirme Pierre Schneider en invoquant la correspondance de l'artiste. Après son noviciat en 1946, elle rendit à nouveau visite à Matisse, sous le nom de Sœur Jacques-Marie. Son intuition artistique, éveillée sans doute par l'atmosphère qui entourait Matisse, lui inspira l'idée de dessiner des vitraux. Elle avait en outre également assisté à l'élaboration de *Jazz*. Matisse corrigea ses esquisses, lui donna des conseils et se sentit peu à peu lui aussi gagné par l'envie de se mettre au travail.

C'est finalement cette amitié avec cette femme hors du commun qui alluma le feu de l'inspiration qui conduisit l'artiste à la réalisation de la chapelle de Vence. Une lettre que Matisse adressa à Rouveyre en 1947 nous révèle ces liens affectifs qui l'unissaient à la jeune femme: «Je viens d'avoir la visite de ma religieuse, celle qui a posé [pour] le tableau qu'on appelle *L'Idole*. Elle est dominicaine, c'est toujours une magnifique personne. Nous causons de choses et autres sur un certain ton – un peu de douce taquinerie. [...] C'est un peu comme si nous nous jetions des fleurs à la figure – des roses effeuillées, et pourquoi pas, rien ne défend cette tendresse qui se passe de mots, qui déborde des mots.»[97] L'atmosphère de ces propos transparaît aussi dans ses dessins, ses madones entourées d'étoiles ou parfois de fleurs. L'association des fleurs et de la femme est en effet un élément profondément ancré dans l'esprit créateur de l'artiste. C'est en comparant cette étude avec la petite eau-forte d'Yvonne Landsberg (voir ill. 26) que l'on perçoit tout le chemin qu'il parcourut pour atteindre à cette interprétation suprême.

97
1950-1951 – Lithographie – Pl. 348 – 20,4 × 17,9 cm – 1 épreuve d'essai, 15 épreuves d'artiste, 200 épreuves signées, numérotées, sur Chine appliqué – Duthuit n° 645 – Bibliothèque nationale, Paris

ETUDE POUR SAINT DOMINIQUE

Le saisissant anonymat de cette étude provient du visage, exempt de tout trait. Une version identique, comprenant cette fois yeux, bouche et nez (cat. Duthuit 656), traités certes d'une manière simplifiée, nous révèle l'étonnante métamorphose de cette figure et souligne l'aspect à la fois magique et mystérieux de ce personnage qui conserve malgré tout son caractère humain. En effet, ce saint Dominique, qui occupe toute la hauteur intérieure de la chapelle de Vence, n'a pas de visage, rejoignant en cela la Madone à l'Enfant conçue pour le même ensemble. «Le panneau de Saint Dominique et celui de la Vierge et de l'Enfant Jésus sont à la même hauteur d'esprit décoratif, et leur sérénité a un caractère de tranquille recueillement qui leur est propre», expliquait Matisse. Leur présence statique et le calme parfait qu'ils exhalent paraissaient fondamentaux aux yeux de l'artiste: «En somme les céramiques sont l'essentiel spirituel et expliquent la signification du monument. Aussi deviennent-elles, malgré leur apparente modestie, le point important qui doit préciser le recueillement que nous devons éprouver, et je crois devoir préciser, en insistant, le caractère de leur composition.»

Ce n'est qu'après un long et fastidieux travail que Matisse parvenait à de telles solutions définitives. Il œuvrait souvent assis, avec l'aide d'un long bâton sur lequel était fixée une craie. Ce procédé exigeait de sa part une concentration décuplée sur le travail de sa main et de son crayon. A ces conditions difficiles s'ajoutaient les dimensions inhabituelles, véritable cauchemar pour l'artiste pourtant déjà habitué à ce genre de perspective par sa décoration de la Barnes Foundation.

Cette représentation concise, réduite à quelques lignes, ne put que déconcerter le visiteur attendant des fresques au sens habituel du terme. De plus, ces êtres sans visage paraissaient surréalistes et totalement insaisissables. Matisse dut s'expliquer: «Mais c'est parce que le visage est anonyme. Parce que l'expression porte dans tout le tableau. Les bras, les jambes, tout cela ce sont des lignes qui agissent comme dans un orchestre, un registre, des mouvements, des timbres différents. Si on met des yeux, un nez, une bouche, ça n'a pas grande utilité, au contraire ça paralyse l'imagination du spectateur et ça oblige à voir une personne d'une certaine forme, une certaine ressemblance, etc. tandis que si vous donnez des lignes, des valeurs, des forces, l'esprit du spectateur s'engage dans le dédale de ces éléments multiples [...] et alors [...] l'imagination est délivrée de toute limite!»

Par ses compositions, Matisse voulait aussi libérer le spectateur de conceptions reçues, stimuler son imagination et le mettre en garde contre des interprétations irréfléchies. «Il suffit d'un signe pour évoquer un visage, il n'est nul besoin d'imposer aux gens des yeux, une bouche [...], il faut laisser le champ libre à la rêverie du spectateur.»

98
1950 – Lithographie – Pl. 378 – 18,9 × 16,3 cm – 15 épreuves d'artiste, 200 épreuves signées, numérotées sur Chine appliqué – Duthuit n° 658 – The Museum of Modern Art, New York

ETUDE POUR LA NAPPE LITURGIQUE DE LA CHAPELLE DE VENCE II

Matisse choisit d'orner la nappe d'autel de la chapelle de Vence avec des poissons, symboles du Christ. Leurs formes souples et ondoyantes s'intègrent harmonieusement aux motifs végétaux qui décorent l'ensemble de la chapelle, plantes lumineuses des vitraux, ou fleurs stylisées des panneaux en céramique. Symbolisant la vie et la fertilité depuis les temps les plus reculés, ils sont aussi le témoin du dynamisme et de la constance du génie créateur de l'artiste.

Les motifs animaliers apparaissent rarement dans l'œuvre de Matisse et présentent toujours une fonction décorative, qu'il s'agisse d'escargots, d'oiseaux ou de poissons. Ce n'est pas l'animal lui-même qui intéresse l'artiste, mais sa forme. La richesse formelle des animaux marins et des algues, souvenirs de Tahiti, transparut en premier lieu dans ses grandes gouaches découpées *Polynésie la mer* (1946) et *Océanie la mer* (1946). «Les souvenirs de mon voyage à Tahiti ne me sont revenus que maintenant, quinze ans après, sous forme d'images obsédantes: madrépores, coraux, poissons, oiseaux, méduses, éponges. [...] Il est curieux, n'est-ce pas, que tous ces enchantements du ciel et de la mer ne m'aient guère incité tout de suite. [...] Je suis revenu des îles les mains absolument vides. [...] Je n'ai même pas rapporté de photos. [...] Si je prends des photos, me suis-je dit, de tout ce que je vois en Océanie, je ne verrai désormais que ces pauvres images. Et les photos empêcheront peut-être mes impressions d'agir en profondeur. [...] J'avais raison, il me semble. Il importe plus de s'imbiber des choses que de vouloir les saisir sur le vif», expliquait Matisse au photographe Brassaï à la fin de l'année 1946[98].

Jusqu'au dernier moment, il put se nourrir et s'enrichir de ces impressions visuelles imprimées dans son esprit. Le décor de la chapelle de Vence est un hymne à la vie, tout comme l'aquatinte présentée ici. Les poissons nagent tous dans la même direction, entraînés par un même courant, et symbolisent la force dynamique qui habite tout être vivant et anime l'ensemble des œuvres de Matisse. Cette force naît de la personne même de l'artiste. «Donner la vie à un trait, à une ligne, faire *exister* une forme, cela ne se résout pas dans les académies conventionnelles mais au-dehors, dans la nature, à l'observation pénétrante des choses qui nous entourent. Un infime détail peut nous révéler un grand mécanisme, un rouage essentiel de vie.» Toute sa vie, Matisse fut à l'écoute de ces mécanismes, de ces rouages, découvrant ainsi la vibration du monde.

99
1949 – Aquatinte – Pl. 348 – 34,5 × 27,8 cm – 2 épreuves d'essai, 5 épreuves d'artiste, 25 épreuves numérotées, signées sur Marais – Duthuit n° 813 – Bibliothèque nationale, Paris

H matisse
24/25

TROIS TÊTES, À L'AMITIÉ

Matisse mourut d'une crise cardiaque à Nice, le 3 novembre 1954, peu avant son quatre-vingt-cinquième anniversaire. Il travailla jusqu'au dernier instant: «Tu sais comme moi combien le travail est le complément indispensable de la vie», écrivait-il encore à l'automne 1952 à son ami Rouveyre.

Ces trois masques, chiffre magique, portent les traits d'Apollinaire, de Rouveyre et de Matisse lui-même. Il s'agissait d'une étude pour le frontispice de l'ouvrage écrit par Rouveyre sur Apollinaire (1952). Cette feuille, symbole de l'amitié entre les trois hommes, était aussi un hommage à Apollinaire, trop tôt disparu (1918). Le poète était en effet le plus ardent défenseur d'un art encore à ses débuts. Matisse et Rouveyre se connaissaient depuis leurs études à l'atelier de Gustave Moreau, mais leur véritable amitié datait de Nice. Leur correspondance est aujourd'hui un témoin saisissant de la vieillesse et de la solitude d'un homme qui restait un artiste éternellement jeune, absorbé par son travail et empli de sentiments de bonheur, auxquels venaient se mêler des doutes d'une poignante intensité:

«Quelle vie de tourment quand on dépend, avec ma sensibilité aiguë, d'une méthode, ou plutôt quand une sensibilité aiguë vous empêche de se reposer sur une méthode de soutien. J'en suis tout chaviré — et je me souviens que toute ma vie s'est passée ainsi — moment de désespoir suivi d'un instant heureux de révélation qui me permet de faire quelque chose qui dépasse le raisonnement et me laisse aussi désemparé devant une nouvelle entreprise.»

C'est dans l'amour de la création que Matisse puisait son dynamisme et son courage. C'est ainsi qu'il écrivit à son ami, alors qu'il illustrait son *Florilège des amours* de Ronsard: «Ne peut-on garder jusqu'au dernier jour une imagination jeune et ardente?», et qu'il confia à son livre *Jazz* ces mots écrits de sa main: «La haine est un parasite qui dévore tout. [...] L'amour au contraire soutient l'artiste. [...] Celui qui aime vole, court et se réjouit; il est libre, rien ne le retient.»

100
1951-1952, tirée en 1966 — Aquatinte — Pl. 390 — 34,5 × 27,7 cm — 6 épreuves d'essai, 4 épreuves d'artiste, 25 épreuves numérotées, portant le cachet H.M., sur BFK Rives — Duthuit n° 828 — Bibliothèque nationale, Paris

(*A gauche* Rouveyre, *en haut* Apollinaire, *en bas* Matisse.)

25/25

HM.

NOTES

1   Schneider, 1984, p. 725.
2   *Le Point*, juillet 1939, p. 19.
3   *Cahiers Henri Matisse 4*, p. 13.
4   *Le Point*, juillet 1939, p. 22.
5   Illustré dans Schneider, 1984, p. 314.
6   Escholier, 1937, p. 43.
7   Courthion, 1942.
8   Françoise Cachin, *Paul Signac*, Paris, 1971, p. 93.
9   Paul Signac, *D'Eugène Delacroix au néo-impressionnisme*, Paris, 1921, p. 6.
10 Schneider, 1984, p. 188.
11 Schneider, 1984, p. 213.
12 Schneider, cat. d'exp., Paris, 1970, p. 68.
13 Schneider, 1984, p. 241.
14 Georges Desvallières, «Présentation de ‹Notes d'un peintre›», *La Grande Revue*, décembre 1908.
15 Barr, 1951, p. 113.
16 Barr, 1951, p. 113.
17 *Camera Work*, n° 23, juillet 1908.
18 Neff et Castleman, cat. d'exp., Fort Worth, 1986.
19 Danièle Giraudy, «Correspondance Henri Matisse – Charles Camoin», *Revue de l'Art*, n° 12, 1971, p. 12.
20 Halicka, 1946, p. 43.
21 «Correspondance Henri Matisse – Charles Camoin» (voir note 19), p. 15.
22 «Correspondance Henri Matisse – Charles Camoin» (voir note 19), p. 15.
23 Cat. d'exp., Paris, 1985, p. 54.
24 Cat d'exp., collection Kahnweiler-Leiris, Paris, 1985, p. 54.
25 *Le Point*, décembre 1943.
26 Schneider, 1984, p. 122.
27 Charles Vignier et H. Inada, *Estampes japonaises exposées au Musée des Arts décoratifs*, 6 vol., Paris, 1909–1914.
28 *Le Point*, juillet 1939, p. 32.
29 «Correspondance Henri Matisse – Charles Camoin» (voir note 19), p. 12.
30 Schneider, 1984, p. 322.
31 Schneider, 1984, p. 339.
32 Cat. d'exp., New York, 1955, p. 99.
33 Warnod, 1986, p. 111.
34 «Correspondance Henri Matisse – Charles Camoin» (voir note 19), p. 15.

35 Cat. d'exp., New York, 1955, p. 50.
36 Préface au catalogue *Matisse-Picasso*, Paris, 1918.
37 «Correspondance Henri Matisse – Charles Camoin» (voir note 19), p. 18.
38 «Correspondance Henri Matisse – Charles Camoin» (voir note 19), p. 19.
39 «Correspondance Henri Matisse – Charles Camoin» (voir note 19), p. 19.
40 *L'Art vivant*, 1920, p. 29–30.
41 *Le Point*, décembre 1943, p. 4.
42 Barr, 1951, p. 185.
43 Cité d'après une lettre des descendants de Greta Prozor à l'auteur.
44 Barr, 1951, p. 562.
45 «Correspondance Henri Matisse – Charles Camoin» (voir note 19), p. 21.
46 «Correspondance Henri Matisse – Charles Camoin» (voir note 19), p. 22.
47 Cat. d'exp., Washington, 1986–1987, p. 27.
48 Cassarini, 1984, sans pag.
49 Cat. d'exp., Washington, 1986-1987, p. 31–32.
50 *Le Bulletin de la vie artistique*, 1er février 1925, pp. 54–55.
51 «Correspondance Henri Matisse – Charles Camoin» (voir note 19), p. 21.
52 Waldemar George, *Henri Matisse – Dessins*, Paris, 1925, p. 7–8.
53 *Le Bulletin de la vie artistique*, 1er février 1922, p. 73.
54 *L'Art vivant*, 15 février 1930, p. 156.
55 Schneider, 1984, p. 715.
56 Cat. d'exp., Washington, 1986-1987, p. 56.
57 «Correspondance Henri Matisse – Charles Camoin» (voir note 19), p. 23.
58 Cat. d'exp., Washington, 1986-1987, p. 36.
59 Hahnloser, Pully, 1970, p. 11.
60 Jean Clair, «Correspondance Matisse – Bonnard», *NRF*, 1er août 1970, pp. 61 et 64.
61 Schneider, 1984, p. 606.
62 *Time, The Weekly Newsmagazine*, 20 octobre 1930, p. 48.
63 Stéphane Mallarmé, *L'Après-midi d'un faune. Œuvres complètes*, Paris, 1984, p. 50.
64 Jean Clair, «Correspondance Matisse – Bonnard», *NRF*, juillet 1970, p. 87.

65 *Cahiers Henri Matisse 1*, p. 52.
66 Stéphane Mallarmé, *Apparition. Œuvres complètes*, Paris, 1984, p. 30.
67 Sorlier, 1985, p. 150.
68 Delektorskaya, 1986, p. 15.
69 Delektorskaya, 1986, pp. 15 et 16 (quatre citations).
70 Delektorskaya, 1986, pp. 22, 25 et 26 (quatre citations).
71 Schneider, 1984, p. 602.
72 Halicka, 1946, p. 165.
73 *Chroniques du jour*, 9 avril 1931, pp. 14–15.
74 Jean Clair, «Correspondance Matisse – Bonnard», *NRF*, 1er août 1970, p. 92.
75 Courthion, 1942.
76 Brassaï, 1964, p. 349.
77 Brassaï, 1964, p. 308.
78 Courthion, 1942.
79 Brassaï, 1964, p. 346.
80 «Correspondance Henri Matisse – Charles Camoin» (voir note 19), pp. 31–32.
81 «Correspondance Henri Matisse – Charles Camoin» (voir note 19), p. 32.
82 Aragon, 1971, vol. 2, p. 72.
83 Paul Léautaud, *Journal littéraire XVII*, Paris, 1964, pp. 10, 13, 73, 74.
84 Paul Léautaud, *Journal littéraire XVI*, Paris, 1964, p. 363.
85 Aragon, 1971, vol. 1, p. 89.
86 «Correspondance Henri Matisse – Charles Camoin» (voir note 19), p. 32.
87 Mourlot, 1979, p. 108.
88 Mourlot, 1979, p. 116.
89 Mourlot, 1979, p. 105.
90 Mourlot, 1979, p. 107.
91 Aragon, 1971, vol. 2, p. 303.
92 Elderfield, 1984, p. 128.
93 Mourlot, 1979, p. 104.
94 Cité d'après Schneider, 1984, p. 739.
95 Aragon, 1971, vol. 2, p. 183.
96 *Ibid.*
97 Cité d'après Schneider, 1984, p. 670.
98 Brassaï, 1964, p. 305.

BIBLIOGRAPHIE

Les titres des œuvres et les descriptions techniques ont été tirés de:

Marguerite Duthuit-Matisse, Claude Duthuit, *Henri Matisse. Catalogue raisonné de l'œuvre gravé,* établi avec la collaboration de Françoise Garnaud, préface de Jean Guichard-Meili, 2 vol., Paris, 1983. (Abrégé: Duthuit.)

Les citations de Matisse ne faisant pas l'objet d'une note ont été tirées de:

Henri Matisse, *Écrits et propos sur l'art,* texte, notes et index établis par Dominique Fourcade, Paris, 1972.
Jack D. Flam (éd.), *Matisse on Art,* New York, 1978.

La bibliographie comprend uniquement les journaux et publications d'où sont tirées les citations, ainsi que les monographies et les catalogues d'expositions les plus importants et les plus récents.

Aragon, Louis (introduction), *Dessins: Thèmes et variations,* Paris, 1943.
Aragon, Louis, *Henri Matisse. Roman,* 2 vol., Paris, 1971.

Barr, Alfred, *Matisse. His Art and His Public,* The Museum of Modern Art, New York, 1951.
Bergson, Henri, *L'évolution créatrice,* Paris, 1983.
Besson, Georges, *Matisse,* Paris, 1945.
Brassaï, Jules, *Conversation avec Picasso,* Paris, 1964.
Le Bulletin de la vie artistique, Bernheim-Jeune, Paris, 1919–1926.

Cahiers d'art, nos 1–4, Paris, 1935.
Cahiers d'art, «Dessins de Matisse», nos 3–5, Paris, 1936.
Cahiers d'art, «Dessins récents de Henri Matisse», nos 1–4, Paris, 1939.
Cahiers d'art, Paris, 1945-1946, pp. 162–196.
Cahiers Henri Matisse 1: Matisse et Tahiti, Galerie des Ponchettes, Musée Matisse, Nice, 1986.
Cahiers Henri Matisse 2: Matisse Photographies, Musée des Beaux-Arts, Jules Chéret, Musée Matisse, Nice, 1986.
Cahiers Henri Matisse 3: Matisse. L'art du livre, Musée Matisse, Nice, 1986.
Cahiers Henri Matisse 4: Matisse, Ajaccio-Toulouse, Musée d'Art Moderne, Toulouse, Musée Matisse, Nice, 1986-1987.
Cassarini, Jean, *Matisse à Nice, 1916–1945,* Nice, 1984.
Cassou, Jean, *Matisse,* Paris, 1947.
130 dessins de Matisse, Musée Cantini, Marseille, 1974.
Chapelle du Rosaire des Dominicaines de Vence par Henri Matisse, Vence, 1951.

Clair, Jean, «Correspondance Matisse – Bonnard 1925–1946», *NRF,* no 211, juillet 1970; no 212, août 1970.
The Cone Collection of Baltimore, Maryland – Catalogue of Paintings, Drawings, Sculpture of the Nineteenth and Twentieth Centuries, préface par George Boas, Baltimore, 1934.
Courthion, Pierre, «Henri Matisse 1942», *Formes et Couleurs,* no 2, 1942.
Courthion, Pierre, *Le Visage de Matisse,* Lausanne, 1942.

Delektorskaya, Lydia, *Henri Matisse... l'apparente facilité. Peintures de 1935–1939,* Paris, 1986.
Diehl, Gaston, *Henri Matisse,* Paris, 1954; nouv. éd. 1970.
Duthuit, Georges, *Les Fauves,* Genève, 1949.

Elderfield, John, «Matisse Drawings and Sculpture», *Artforum,* II, 1er septembre 1972, pp. 77–85.
Elderfield, John, *Matisse in the Collection of The Museum of Modern Art,* The Museum of Modern Art, New York, 1978.
Elderfield, John, *The Cut-outs of Henri Matisse,* New York, 1978; Londres, 1979.
Elderfield, John, *The Drawings of Henri Matisse,* Londres, 1984.
Escholier, Raymond, *Henri Matisse,* Paris, 1937.

Faure, Elie, Romains, Jules, Vildrac, Charles et Léon Worth, *Henri Matisse,* Paris, 1923.
Fels, Florent, *Henri Matisse,* Paris, 1929.
Flam, Jack D., *Matisse, The Man and his art 1869–1918,* Ithaca–Londres, 1986. (L'auteur n'a malheureusement pas eu l'occasion de consulter cet ouvrage à temps.)
Fourcade, Dominique, «Greta Prozor», *Cahiers du Musée National d'Art Moderne. Centre Georges Pompidou,* Musée national d'Art moderne, Centre Georges Pompidou, no II, 1983, pp. 101–107.
Fourcade, Dominique et Isabelle Monod-Fontaine, *Matisse – dessins, sculpture,* Musée national d'Art moderne, Centre Georges Pompidou, Paris, 1975.
Fry, Roger, *Henri Matisse,* Paris–New York, 1935.

Giraudy, Danièle, «Correspondance Henri Matisse – Charles Camoin», *Revue de l'Art,* no 12, 1971.
Gowing, Lawrence, *Henri Matisse,* Londres, New York et Toronto, 1979.
Guichard-Meili, Jean, *Henri Matisse, son œuvre, son univers,* Paris, 1987.

Hahnloser, H.R., *En visite chez Henri Matisse. (Gravures et lithographies de 1900 à 1929),* Pully, 1970.
Halicka, Alice, *Hier (Souvenirs),* Paris, 1946.
«Hommage à Henri Matisse», *XXe siècle,* numéro spécial, Paris, 1970.

Izerghina, A.N., *Henri Matisse: Paintings and Sculpture in Soviet Museums,* Leningrad, 1978.

Jacobus, John, *Henri Matisse,* New York, 1972.

Léautaud, Paul, *Journal littéraire XVI, juillet 1944 – août 1946,* Paris, 1964.
Léautaud, Paul, *Journal littéraire XVII, août 1946 – août 1949,* Paris, 1964.
Lieberman, William S., *Matisse, 50 Years of his Graphic Art,* New York, 1981.

Malingue, Maurice, *Matisse dessins,* Paris, 1949.
Mc Bride, Henry, *Henri Matisse,* New York, 1930.
Monod-Fontaine, Isabelle, *Œuvres de Henri Matisse,* Collections du Musée national d'Art moderne, Centre Georges Pompidou, Paris, 1979.
Monod-Fontaine, Isabelle, *The Sculpture of Henri Matisse,* Londres, 1984.
Moulin, Raoul-Jean, *Henri Matisse, dessins,* Paris, 1968.
Mourlot, Fernand, *Gravés dans ma mémoire. (Cinquante ans de lithographie avec Picasso, Matisse, Chagall, Braque, Miró),* Paris, 1979.

Neff, John Hallmark, «Matisse and Decoration. The Shchukin Panels», *Art in America,* n° 63, juillet-août 1975, pp. 38–48.

Le Point, n° XXI, juillet 1939.
«Pour ou contre Henri Matisse», *Chroniques du Jour,* n° 9, avril 1931.

Richardson, Brenda, *Dr. Claribel and Miss Etta, The Cone Collection,* The Baltimore Museum of Art, Baltimore, 1985.
Roger-Marx, Claude, *Dessins de Henri Matisse,* Paris, 1939.
Russell, John, *The World of Matisse, 1869–1954,* New York, 1969.

Schneider, Pierre, *Matisse,* Paris, 1984.
Sembat, Marcel, *Henri Matisse,* Paris, 1920.
Sorlier, Charles, *Mémoires d'un homme de couleurs,* Paris, 1985.

Verdet, André, *Prestige de Matisse,* Paris, 1952.

Warnod, Jeanine, *Le Bateau-Lavoir,* Paris, 1986.

CATALOGUES D'EXPOSITIONS

New York, 1908
An Exhibition of Drawings, Lithographs, Watercolours, and Etchings by M. Henri Matisse, The Little Galleries of the Photo-Secession.

New York, 1915
Henri Matisse Exhibition, Montross Gallery.

Paris, 1927
Exposition *Henri Matisse. Dessins et lithographies,* Galerie Bernheim-Jeune.

Londres, 1928
Leicester Galleries.

New York, 1932
Poésies de Stéphane Mallarmé. Eaux-fortes originales de Henri Matisse, Marie Harriman Gallery.

Londres, 1936
Exhibition of Drawings and Lithographs by Henri Matisse, The Leicester Galleries.

Paris, 1952
Henri Matisse, gravures récentes, Galerie Berggruen et Cie.

Paris, 1954
Henri Matisse, Lithographies rares, Galerie Berggruen et Cie.

New York, 1955
Etchings by Matisse, The Museum of Modern Art.

New York, 1956
The Prints of Henri Matisse, The Museum of Modern Art.

Genève, 1959
Le Livre illustré par Henri Matisse: dessins, documents, Galerie Gérald Cramer.

Berne, 1960
Henri Matisse. Das illustrierte Werk, Zeichnungen und Druckgraphik, Klipstein und Kornfeld.

Chicago, Boston et Los Angeles, 1966
Leymarie, Jean, Read, Herbert et William S. Lieberman, *Henri Matisse Retrospective,* Art Institute of Chicago, Chicago; Museum of Fine Arts, Boston; University of California (UCLA), Los Angeles.

Moscou, 1969
Matisse: peintures, sculpture, œuvre graphique, lettres, Musée Pouchkine.

Paris, 1970
Guichard-Meili, Jean et Françoise Woimant, *Matisse, l'œuvre gravé,* Bibliothèque nationale.

Paris, 1970
Schneider, Pierre, *Henri Matisse. Exposition du Centenaire,* Réunion des Musées nationaux.

Paris, 1970
Schneider, Pierre, *Matisse,* Galerie Dina Vierny.

Baltimore, 1971
Matisse as a Draughtsman, The Baltimore Museum of Art.

Jérusalem, 1971
Henri Matisse. Prints and Drawings from a Swiss Private Collection, The Israel Museum.

Londres, 1972
Lambert, Susan, *Matisse, Lithographs,* Victoria and Albert Museum.

St. Louis, 1977
Cowart, Jack, Flam, Jack D., Fourcade, Dominique et John Hallmark Neff, *Henri Matisse – Paper Cut-outs,* The St. Louis Art Museum.

New York, 1980
Ives, Colta, *Modern Monotypes,* The Metropolitan Museum of Art.

Bielefeld, 1981
Mähl, Hans Joachim, Weisner, Ulrich, Schneider, Pierre, Dittmann, Lorenz, Boehm, Gottfried et Gerd Udo Feller, *Henri Matisse. Das Goldene Zeitalter,* Kunsthalle.

Paris, 1981
Henri Matisse. Donation Jean Matisse, Bibliothèque nationale.

Fribourg, 1982
Hahnloser-Ingold, Margrit, Lehnherr, Yvonne et Roger Marcel Mayou, *Henri Matisse. Gravures et lithographies,* Musée d'art et d'histoire.

Zurich, 1982
Baumann, Felix, Schneider, Pierre, Schrenk, Klaus, Hohl, Reinhold, Hahnloser-Ingold, Margrit et Franz Meyer, *Henri Matisse,* Kunsthaus.

Fort Worth, 1984
Mezzatesta, Michael P., *Henri Matisse, Sculptor/Painter,* Kimbell Art Museum.

Paris, 1984
Fourcade, Dominique, *Henri Matisse, Œuvres gravées,* Galerie Maeght Lelong.

Paris, 1985
Donation Louise et Michel Leiris – Collection Kahnweiler-Leiris, Musée national d'Art moderne, Centre Georges Pompidou.

Fort Worth, 1986
Neff, John Hallmark et Riva Castleman, *Henri Matisse,* Kimbell Art Museum.

Washington, D.C., 1986–1987
Cowart, Jack, Fourcade, Dominique et Margrit Hahnloser-Ingold, *Henri Matisse. The Early Years in Nice 1916–1930.* The National Gallery of Art.

Venise, 1987
Schneider, Pierre, *Henri Matisse e l'Italia,* Ala Napoleonica e Museo Correr.

OUVRAGES ILLUSTRÉS PAR HENRI MATISSE

(D'après *Cahiers Henri Matisse 3: Matisse. L'art du livre,* Musée Matisse, Nice, 1986.)

Stéphane Mallarmé, *Poésies.* 29 eaux-fortes originales. Lausanne, Albert Skira et Cie, 1932.
Tirage: 145 exemplaires numérotés, signés par l'artiste. 30 exemplaires sur Japon dont 5 exemplaires numérotés de 1 à 5, contenant chacun une suite sur Japon avec remarques en noir, une suite sur Chine avec remarques en noir et dessin original de l'artiste; 25 exemplaires numérotés de 6 à 30, contenant chacun une suite sur Japon avec remarques en noir; 95 exemplaires numérotés de 31 à 125 sur vélin d'Arches, et 20 exemplaires hors commerce numérotés en chiffres romains de I à XX réservés à l'artiste et aux collaborateurs.

James Joyce, *Ulysses,* New York, The Limited Edition Club, 1935.
6 eaux-fortes hors texte et 20 reproductions d'études sur papiers de couleur. Il a été tiré, en outre, par l'atelier R. Lacourière, 150 suites de 6 gravures signées, justifiées. Tirage: 1500 exemplaires numérotés, signés par l'artiste.

Henry de Montherlant, *Pasiphaé, Chant de Minos (Les Crétois),* Paris, Martin Fabiani éditeur, 1944.
147 linogravures: 18 hors-texte en noir, 26 bandeaux en noir, 13 bandeaux en rouge, 84 lettrines en rouge et 6 culs-de-lampe.
Tirage: 30 exemplaires sur Japon ancien avec suite de 12 planches gravées en vue du frontispice tirées sur Chine, numérotés de 1 à 30; 200 exemplaires hors-commerce sur vélin d'Arches, numérotés de 31 à 230; 20 exemplaires hors-commerce sur vélin d'Arches, marqués de I à XX. Les 250 exemplaires sont signés par l'artiste.

Visages, Quatorze lithographies de Henri Matisse accompagnées de poésies par Pierre Reverdy, Paris, Les Editions du Chêne, 1946.
14 lithographies pleine page tirées en sanguine; 17 linogravures en noir dont 3 en couverture et 14 culs-de-lampe; 14 lettrines en violet.
Tirage: 250 exemplaires. 30 exemplaires sur vélin de Montval, numérotés de 1 à 30; 200 exemplaires sur vélin de Lana, numérotés de 31 à 230; 20 exemplaires hors-commerce sur vélin de Lana marqués de I à XX.

Mariana Alcoforado, *Lettres portugaises,* Paris, Tériade éditeur, 1946.
15 lithographies pleine page, tirées en marron, 55 ornements lithographiés en violet dont 2 sur la couverture, 5 en pleine page et 6 culs-de-lampe, et 35 lettrines lithographiées en violet.
Tirage: 250 exemplaires sur vélin d'Arches, numérotés de 1 à 250, les 80 premiers exemplaires comportant une suite de 12 planches d'études, et 20 exemplaires hors-commerce numérotés de I à XX.

Charles Baudelaire, *Les Fleurs du mal,* Paris, La Bibliothèque Française, 1947.
Une eau-forte originale sur Chine appliqué, 33 photolithos hors texte; 38 ornements dont 2 sur la couverture, 10 en pleine page, et 33 lettrines gravées sur bois.
Tirage: 320 exemplaires sur papier de Rives, dont 300 numérotés de 1 à 300, et 20 exemplaires de collaborateurs hors-commerce de A à T, comprenant une eau-forte originale sur Chine.

Vingt-trois lithographies de Henri Matisse pour illustrer «Les Fleurs du mal», présentées par L. Aragon, Paris, 1946.
Lithographies tirées en noir.
Tirage: 5 exemplaires nominatifs non mis dans le commerce: I. pour Henri Matisse; II. pour Elsa Triolet et Aragon; III. pour F. Mourlot; IV. pour Lydia Delektorskaya; V. pour la Bibliothèque littéraire Jacques Doucet. Dessin aux crayons de couleurs bleu et rouge sur la page de titre.

André Rouveyre, *Repli,* Paris, Editions du Bélier, 1947.
12 lithographies hors texte: 6 en noir sur papier blanc et 6 en noir sur papier gris; 6 linogravures: 2 bandeaux en noir, 2 culs-de-lampe en noir, 2 lettrines en rouge.
Tirage: 370 exemplaires. 35 exemplaires sur vélin de Montval, accompagnés d'une suite de lithographies tirées sur Chine, numérotés de 1 à 25 et de I à X; 315 exemplaires sur vélin d'Arches, numérotés de 26 à 250 et de XI à C; 20 exemplaires sur Arches. Les lithographies ont été tirées sur papier Ile-de-France et Lana pur chiffon.

Henri Matisse, *Jazz,* Paris, Tériade éditeur, 1947.
20 planches en couleurs, dont 15 en double-page, et 12 ornements en noir.
Tirage: 270 exemplaires. 250 exemplaires sur vélin d'Arches numérotés de 1 à 250; 20 exemplaires hors-commerce numérotés de I à XX.
En outre, il a été tiré 100 albums comportant exclusivement l'ensemble des planches du livre.

Florilège des Amours de Ronsard, par Henri Matisse, Paris, Albert Skira, 1948.
128 lithographies (2 sur la couverture, 1 en frontispice, 21 en hors-texte, 104 in-texte) tirées en sanguine à l'exception de la vignette de la page de titre.
Tirage: 320 exemplaires sur vélin teinté d'Arches numérotés comme suit: 20 exemplaires numérotés de 1 à 20; 12 lithographies originales dites «pierres refusées» sur Japon Impérial, tirées chacune à 20 exemplaires monogrammées par l'artiste; 8 lithographies originales sur Japon Impérial, tirées chacune à 50 exemplaires, monogrammées par l'artiste; les épreuves de cette suite constituent des variantes de l'illustration du poème *Marie qui voudroit votre nom retourner;* 30 exemplaires numérotés de 21 à 50, auxquels il est joint 8 lithographies originales sur Japon Impérial, tirées chacune à 50 exemplaires monogrammées par l'artiste; les épreuves de cette suite constituent des variantes de l'illustration du poème *Marie qui voudroit votre nom retourner;* 250 exemplaires numérotés de 51 à 300; 20 exemplaires hors-commerce, numérotés en chiffres romains de H.C.I. à H.C.X.

Charles d'Orléans, *Poèmes,* Paris, Tériade éditeur, 1950.
100 lithographies (portraits, ornements, fleurs de lys) en plusieurs couleurs.
Tirage: 1200 exemplaires sur vélin d'Arches numérotés de 1 à 1200; 30 exemplaires hors-commerce numérotés de I à XXX.

André Rouveyre, *Apollinaire,* Paris, Raison d'Etre, 1952.
1 aquatinte en frontispice. 7 lithographies en noir sur fond crème dont 6 hors-texte et 1 cul-de-lampe; 3 lettrines rouges en linogravure.
Tirage: 30 exemplaires sur grand vélin d'Arches numérotés de 1 à 30; 300 exemplaires sur vélin d'Arches numérotés de 31 à 330; 20 exemplaires de collaborateurs hors-commerce numérotés de I à XX.

Echos, Poèmes inédits de Jacques Prévert, André Verdet, Nazim Hikmet, Paris, Fernand Mourlot, 1952.
6 lithographies sur fond crème dont 1 tirée en sépia pour le frontispice et 5 en noir. 11 lettrines rouges en linogravure. 9 culs-de-lampe bleus et rouges.
Tirage: 15 exemplaires nominatifs hors-commerce sur vélin d'Arches.

Georges Duthuit, *Une Fête en Cimmérie,* Paris, Tériade éditeur, 1963.
31 lithographies en noir dont 1 sur la couverture, 16 hors-texte, 14 en suite sous chemise, numérotées au dos.
Tirage: 120 exemplaires sur vélin de Rives numérotés de 1 à 120; 10 exemplaires de collaborateurs numérotés de I à X.

John Antoine Nau, *Poésies antillaises,* Paris, Fernand Mourlot, 1972.
28 lithographies tirées en brun (1 frontispice et 27 hors-texte). 27 lettrines et nombreux ornements tirés en bleu.
Tirage: 250 exemplaires sur vélin d'Arches dont 50 exemplaires numérotés de 1 à 50 contenant une suite de 12 lithographies originales supplémentaires; 200 exemplaires numérotés de 51 à 250; 25 exemplaires hors-commerce.

ALBUMS

Henri Matisse, *Cinquante Dessins,* préface de Charles Vildrac, album édité par les soins de l'artiste, Paris, 1920.
En frontispice, une eau-forte sur Chine signée. 50 reproductions de dessins en pleine page.
Tirage: 1000 exemplaires sur papier Van Gelder, numérotés de 1 à 1000; 3 exemplaires avec les planches rayées numérotées de I à III.

Henri Matisse, *Dessins. Thèmes et variations,* préface de Louis Aragon: «Matisse en France», Paris, Martin Fabiani éditeur, 1943.
3 lithographies en ornement; 158 reproductions de dessins.
Tirage: 950 exemplaires tous numérotés: 10 exemplaires sur Japon Impérial, numérotés de 1 à 10; 20 exemplaires sur vélin d'Arches, numérotés de 11 à 30; 920 exemplaires sur vélin pur fil, numérotés de 31 à 950.

Henri Matisse, *Portraits,* préface de Henri Matisse, Monte-Carlo, André Sauret, 1954.
Une lithographie originale en frontispice. Couverture d'après une composition de l'artiste exécutée spécialement pour cet ouvrage.
Tirage: 2850 exemplaires dont 500 en anglais, tous numérotés.

LIVRES

Louis Thomas, *André Rouveyre,* Paris, Dorbon-Aîné, 1912.
Portrait de A. Rouveyre en frontispice. 500 exemplaires.

Cézanne, Paris, Bernheim-Jeune, 1914.
Textes de Octave Mirbeau, Théodore Duret, Léon Werth, Frantz Jourdain.
1 lithographie de Henri Matisse, planche V des 100 exemplaires sur Japon.
Tirage: 600 exemplaires.

Pierre Reverdy, *Les Jockeys camouflés,* Paris, A la Belle Edition, 1918.
5 dessins inédits de Henri Matisse. Tirage: 344 exemplaires.

Pierre Reverdy, *Les Jockeys camouflés et Période hors-texte,* Paris, Paul Birault, 1918.
5 dessins inédits de Henri Matisse. Tirage: 105 exemplaires.

Tableaux de Paris, Textes inédits de Paul Valéry, Roger Allard, Francis Carco, Colette, Jean Cocteau, etc. Lithographies et gravures sur cuivre originales de: Bonnard, Céria, Daragnès, etc. Paris, Emile-Paul Frères, 1927.
Une eau-forte *Le Pont Saint-Michel* de Henri Matisse.
Tirage: 25 exemplaires sur Japon Impérial contenant une suite des gravures sur Arches numérotés de 1 à 25; 200 exemplaires sur vélin de Rives numérotés de 26 à 225.

Tristan Tzara, *Midis gagnés, Poèmes,* Paris, Edition Denoël, 1939.
6 dessins de Henri Matisse. Une pointe sèche numérotée et signée en frontispice des exemplaires de tête. 6 reproductions de dessins.
Tirage: 28 exemplaires sur Van Gelder, contenant en frontispice une pointe sèche originale par Henri Matisse, dont 25 exemplaires numérotés de 1 à 25; 1150 exemplaires sur vélin, dont 1000 exemplaires numérotés de 26 à 1025.

Henry de Montherlant, *Sur les femmes,* Paris, Sagittaire, 1942.
Frontispice de Henri Matisse (portrait de Montherlant).
1430 exemplaires.

Elsa Triolet, *Le Mythe de la Baronne Mélanie,* Neuchâtel et Paris, Ides et Calendes, 1945. 2 dessins (couverture et frontispice) de Henri Matisse.
Tirage: 5182 exemplaires.

André Gide, *Jeunesse,* Neuchâtel, Ides et Calendes, 1945.
Couverture dessinée par Henri Matisse. 327 exemplaires.

Alternance, textes inédits de F. Mauriac, J. Giraudoux, Léon Paul Fargue, Max Jacob. Illustré par divers artistes (Laboureur, Villon, Cocteau, Matisse, etc.): 16 eaux-fortes. Paris, Le Gerbier, 1946.
Une eau-forte de Henri Matisse *Masque de jeune garçon,* 1945.
340 exemplaires.

Tristan Tzara, *Le Signe de vie,* Paris, Bordas, 1946.
Frontispice (lithographie) de Henri Matisse (portrait de Claude D.). Reproduction de 6 dessins.
540 exemplaires.

André Rouveyre, *Choix de pages de Paul Léautaud,* Paris, Editions du Bélier, 1946.
Une lithographie (portrait de Paul Léautaud) de Henri Matisse en frontispice des 50 exemplaires de tête.
Tirage: 50 exemplaires sur pur chiffon numérotés de 1 à 45 et de I à V; 350 exemplaires sur Vergé numérotés de 46 à 380 et de VI à XX.

Franz Villier (pseudonyme de Thomassin), *Vie et mort de Richard Winslow,* Paris, Editions du Bélier, 1947.
Frontispice de Henri Matisse (portrait de Thomassin), lithographie sur Chine appliqué.

René Char, *Le Poème pulvérisé,* Paris, Edition de la Revue Fontaine (Raymond Seguin), 1947.
Frontispice de Henri Matisse, linogravure (visage de femme) pour les 65 exemplaires de tête.

Jacques Kober, *Le Vent des épines,* Paris, Pierre à Feu, Maeght éditeur, 1947.
300 exemplaires sur vélin d'Auvergne. Chaque exemplaire est illustré par Pierre Bonnard, Georges Braque, Henri Matisse.

Jean Giraudoux, *Visitations,* Neuchâtel, Ides et Calendes, 1947.
Couverture dessinée par Henri Matisse.

Tristan Tzara, *Midis gagnés, Poèmes,* Paris, Les Editions Denoël, 1948.
Une lithographie de Henri Matisse sur Chine appliqué, en frontispice des 15 exemplaires de tête. 8 reproductions de dessins.
Tirage: 1000 exemplaires sur Alfa, dont 950 numérotés de A1 à A950; 50 exemplaires hors-commerce, numérotés de AI à AL.

Jules Romains, *Pierres levées,* Paris, Flammarion, 1948.
Une lithographie originale de Henri Matisse en frontispice.
Tirage: 340 exemplaires tirés sur vélin de Lana.

Poésie de Mots inconnus, Paris, Le Degré 41, an 1919 et 30 (1949), Livre conçu par Iliazd. Poèmes de Albert-Birot, Arp, Artaud, Audiberti, Ball, etc. Orné par Arp, Braque, Brayen, Chagall, etc.

Une linogravure tirée en bleu de Henri Matisse illustrant le poème de Rouke Akinsemoyin.
Tirage: 158 exemplaires sur papier Ile-de-France.

René Leriche, *Chirurgie, discipline de la connaissance,* Nice, La Diane Française, 1949.
Une lithographie sur Chine contre-collé de Henri Matisse en frontispice (portrait de l'auteur). Tirage: 300 exemplaires sur vélin de Rives numérotés de 1 à 300.

Albert Skira, *20 Ans d'activité,* Paris et Genève, Albert Skira, 1949.
Couverture et frontispice (portrait de l'éditeur).

Georges Duthuit, *Les Fauves,* Genève, Editions des Trois Collines, S.A., 1949.
Couverture de Henri Matisse, avec, pour les exemplaires de tête, cinq dessins de fleurs (rouge et bleu). 86 exemplaires.

Colette, *La Vagabonde,* Paris, André Sauret, 1951.
Lithographie originale en frontispice (portrait de Colette) pour les 300 exemplaires de tête.

Chapelle du Rosaire des Dominicaines de Vence par Henri Matisse. Vence, 1951.
Couverture de Henri Matisse d'après une gouache découpée (jaune et bleu).

Chapelle du Rosaire des Dominicaines de Vence par Henri Matisse.
Tirage à part extrait de *France Illustration,* Noël 1951.
Couverture de Henri Matisse d'après une gouache découpée (jaune et bleu).
Tirage: 1500 exemplaires numérotés de 1 à 1500.

Henri Cartier-Bresson, *Images à la Sauvette,* Paris, Edition Verve, 1952.
Couverture de Henri Matisse en gouache découpée (noir, bleu, vert).

Jacques Howlett, *Un Temps pour rien,* Paris, Plon, coll. Roman, 1953.

Jean-Pierre Monnier, *L'Amour difficile,* Paris, Plon, coll. Roman, 1953.

Alfred Narcisse, *L'Ombre de la morte,* Paris, Plon, coll. Roman, 1954.

Jacques Sternberg, *Délit,* Paris, Plon, coll. Roman, 1954.

Paul Demarne, *Pure peine perdue,* Paris, Editions de Minuit, 1955.
Reproduction de la lithographie *(Portrait de l'auteur).*

LES PÉRIODES DE CRÉATION

REMERCIEMENTS

CRÉDIT PHOTOGRAPHIQUE

Je tiens tout d'abord à remercier très vivement les descendants d'Henri Matisse, et plus particulièrement M. et Mme Pierre Matisse, ainsi que M. Claude Duthuit, pour leurs précieuses conversations et le soutien qu'ils apportèrent à cette publication. A leurs indications s'ajoutèrent aussi de nombreuses notes plus anciennes, prises à l'occasion d'entretiens avec la fille de l'artiste, Marguerite Duthuit, décédée en 1982. S'étant en effet longtemps occupée de l'œuvre gravé de son père, elle fut à même de me révéler d'intéressants rapprochements qui vinrent enrichir dès 1970 l'exposition organisée alors à Pully (Suisse).

La maison de ventes aux enchères E.W. Kornfeld, à Berne, dispose d'une documentation soigneusement établie, qui servit de base à l'exposition de gravures présentée à Fribourg en 1982. Que M. Kornfeld et ses collaborateurs reçoivent ici l'expression de toute ma gratitude pour leurs informations et leur généreux concours.

Nul ne peut se consacrer à l'œuvre gravé de Matisse sans avoir recours à la richesse inestimable des fonds de la Bibliothèque nationale de Paris. Je dois ici exprimer toute ma reconnaissance à Mme Françoise Woimant, conservatrice au Cabinet des Estampes, qui sut m'apporter une aide précieuse dans mes recherches. Je tiens aussi à remercier tout particulièrement M. François Chapon, conservateur à la Bibliothèque littéraire Jacques Doucet, pour avoir facilité mon travail.

Je dois souligner également des aides précieuses: celle de l'équipe du Baltimore Museum of Art, et notamment de Mme Brenda Richardson et M. Jay McKean Fisher, celle du département de Mme Riva Castleman au Museum of Modern Art, à New York, ainsi que celle de l'équipe de Mme Colta Ives au Metropolitan Museum of Art, à New York. Des recherches antérieures me conduisirent aussi à consulter les fonds du Musée Matisse de Nice et de nombreuses collections privées. Que tous ceux qui m'apportèrent leur soutien soient ici cordialement remerciés. Je tiens à exprimer ma gratitude à Pierre Schneider, spécialiste de Matisse depuis de longues années, pour m'avoir aidée pour certaines questions plus spécifiques et fourni des informations sur les différents modèles de l'artiste. Je ne saurais pas davantage oublier Mmes Wenda de Guébriant, Christine Stauffer, Louise Leiris, ainsi que les responsables des archives Kahnweiler-Leiris, Mme Baszanger, Mme Galanis, M. Jean Cortot et M. Lukas Handschin de la Fondation Paul Sacher à Bâle.

Pour terminer, je tiens à remercier vivement Mmes Yvonne Lehnherr et Piroska Mathé qui m'ont apporté leur aide pour les corrections.

Les photographies des planches qui ne sont pas énumérées ci-dessous proviennent de la Bibliothèque nationale, Paris. Les chiffres renvoient aux numéros des légendes.

Baltimore, The Baltimore Museum of Art 10, 41, 63, 65, 66, 67, 70; pages 138, 142, 146
Berne, Galerie Kornfeld 92, 94 (photos Peter Lauri, Berne); 42
Chicago, The Art Institute of Chicago 30, 57, 58
Kirchlindach-Berne, Gerhard Howald 2, 6, 8, 9, 11, 12, 13, 15, 16, 19, 26, 27, 28, 29, 31, 32, 34, 35, 37, 39, 40, 43 II, 44, 45, 49 I–II, 50, 51, 53, 68, 69
New York, Archives Pierre Matisse 21, 23
—, The Metropolitan Museum of Art 18 II, 20 I–II
—, The Museum of Modern Art 5, 98
Paris, Bibliothèque littéraire Jacques Doucet 89